В. С. ЕЛИСТРАТ
И. В. РУЖИЦК

НЕОБЫЧНЫЕ РАССКАЗЫ О НЕОБЫЧНЫХ МУЗЕЯХ

РУССКАЯ КУЛЬТУРНАЯ ПАМЯТЬ

Учебное пособие
для иностранных учащихся

РУССКИЙ ЯЗЫК
КУРСЫ

Москва
2020

УДК 811.161.1
ББК 81.2 Рус-96
    Е51

Печатается по постановлению Редакционно-издательского совета
филологического факультета МГУ имени М. В. Ломоносова

Р е ц е н з е н т ы :

Л. В. Красильникова — доктор педагогических наук, доцент, заведующий кафедрой русского языка для иностранных учащихся филологического факультета МГУ имени М. В. Ломоносова

А. Г. Лилеева — кандидат педагогических наук, доцент, доцент кафедры русского языка для иностранных учащихся филологического факультета МГУ имени М. В. Ломоносова

В. А. Степаненко — доктор педагогических наук, доцент, заведующий кафедрой русского языка как иностранного и методики его преподавания МГОУ

Елистратов, В. С.

Е51 **Необычные рассказы о необычных музеях. Русская культурная память:** Учебное пособие для иностранных учащихся / В. С. Елистратов, И. В. Ружицкий. — М.: Русский язык. Курсы, 2020. — 240 с.: ил.

ISBN 978-5-88337-815-6

Учебное пособие «Необычные рассказы о необычных музеях. Русская культурная память» предназначено для иностранных учащихся уровня владения русским языком В2 и выше. В него вошли такие аутентичные тексты, как «Российский флаг», «История Байкала», «Дом Н. В. Гоголя», «Вера изначальная», «О грибах и не только», «О космическом...», «Арткоммуналка» и другие. Каждый текст сопровождается лексическим и лингвокультурологическим комментарием, включающим в себя вопросы, направленные на более глубокое понимание той или иной лексической единицы или на расширение страноведческой информации, а также контрольные вопросы. В конце пособия предлагаются темы для докладов и эссе. Книга может оказаться полезной для иностранных и российских учащихся, интересующихся русской культурой и занимающихся вопросами лингвокультурологии.

УДК 811.161.1
ББК 81.2 Рус-96

ОГЛАВЛЕНИЕ

СПИСОК СОКРАЩЕНИЙ

ант. — антоним

высок. — высокий стиль

диал. — диалектное

др.-греч. — древнегреческий язык

др.-рус. — древнерусский язык

ед. ч. — единственное число

жарг. — жаргонное

инф. — инфинитив

ирон. — ироническое

книж. — книжное

крым.-тат — крымско-татарское

-л. — -либо

ласк. — ласкательное

лат. — латинский язык

мн. ч. — множественное число

-н. — -нибудь

нар.-поэт. — народно-поэтическое

нем. — немецкий язык

неодобр. — неодобрительное

несов. в. — несовершенный вид

обл. — областное

окказ. — окказиональное

офиц. — официальное

перен. — переносное

перс. — персидский язык

превосх. ст. — превосходная степень

разг. — разговорное

син. — синоним

сов. в. — совершенный вид

спец. — специальное

ст.-слав. — старославянский язык

терм. — терминологическое

тур. — турецкий язык

устар. — устаревшее

фр. — французский язык

чеш. — чешский язык

ПРЕДИСЛОВИЕ

Овладение иностранным языком на продвинутом уровне невозможно без одновременного овладения знаниями о культуре страны изучаемого языка. Увеличение объёма знаний иностранца, изучающего русский язык, о России, её культурной и исторической памяти способствует повышению языковой и речевой компетенции. Не обладая такими знаниями, трудно, а подчас и невозможно адекватно участвовать в коммуникации на русском языке.

«Необычные музеи» для авторов пособия — это повод для развёртывания глубинных культурно-языковых национальных смыслов, которые в музеях сконцентрированы, «сжаты, как пружина», это своего рода лингвокультурологические фреймы, «поля памяти». Авторы постарались осуществить данное смысловое развёртывание максимально непринуждённо, живо, избегая содержательных и методических стереотипов.

Музей — субстанция очень непростая. С одной стороны, сокровищница, тезаурус культуры, с другой — концентрация культурных ценностей здесь часто столь велика, что быстро утомляет, даже угнетает посетителя. Александр Блок, отчасти в шутку, отчасти всерьёз, называл музеи «кладбищами культуры». Пожалуй, о музеях, представленных в пособии, Александр Александрович так бы не сказал. Авторы надеются, что составленные ими тексты и комментарии тоже не заслуживают этой печальной метафоры и что книга не только даст учащимся новые знания, но и доставит радость.

Скажем кратко о структуре пособия. Оно включает в себя 33 темы, каждая тема сопровождается (1) учебным текстом о том или ином русском музее; (2) комментарием, содержащим толкование непонятных слов и словосочетаний, а также расширенную информацию об упоминаемых исторических реалиях и событиях; (3) контрольными вопросами, направленными на проверку общего понимания текста и помогающими провести дискуссию на тему прочитанного.

Комментарий, предлагаемый к текстам, состоит из двух частей — Комментарий I (лексико-стилистический и грамматический; в тексте единицы комментирования обозначаются цифрами) и Комментарий II (толкование значимых для адекватного понимания текста культурных реалий, собственных имён, названий, цитат и лексических единиц с ярко выраженным фоновым компонентом значения; в тексте обозначены звёздочкой). Важные для понимания текста термины выносятся в Комментарий II.

Комментарий носит учебный характер, в него, как правило, входят слова и словосочетания в исходной форме, видовые пары глаголов (сначала — форма совершенного вида), а также факультативно представленная этимологическая справка. Объясняется только значение слова, актуализированное в комментируемом тексте, поэтому помета зд. (здесь) отсутствует.

Помимо объяснения непонятных или малопонятных единиц текста, в комментарии могут быть представлены стилистические, грамматические и другие пометы, а также вопросы, в основном лингвистического характера, обеспечивающие диалогичность процесса восприятия и понимания как самого комментария, так и комментируемого текста. Например:

— **заливной (луг)** — затопляемый водой при разливе реки, благодаря чему повышается урожай трав. *От какого глагола образовано это прилагательное? В чём различие в значении слов «луг», «лужайка», «поле», «поляна» и «пастбище»?*

— **донос** — тайное сообщение властям, начальству, содержащее обвинение кого-л. в чём-л. *В чём различие в значении слов «донос», «клевета», «поклёп», «кляуза», «навет», «оговор», «наговор», «жалоба» и «сплетня»?*

— **сакральный** — *книж.* относящийся к религиозному культу, обрядовый, ритуальный. *В чём различие в значении слов «сакральный», «священный» и «святой»?*

— **«Союз меча и орала»** — *разг., ирон.* о каких-л. фиктивных, не дающих ничего положительного объединениях людей, предприятиях; выражение пришло из романа И. Ильфа и Е. Петрова «Двенадцать стульев» (1928) — придуманное Остапом Бендером, главным героем романа, название несуществующей подпольной дворянской организации; возможно, связано с пушкинским выражением «союз меча и лиры» из трагедии «Борис Годунов». *Как вы думаете, в этом ли значении данное выражение использовано в тексте?*

Вопросы являются частью интерактивного комментария, они содержат информацию, необходимую для более глубокого понимания слова (текста), позволяют объяснить значение лексической единицы в доступной учащимся форме, а также выполняют мотивирующую и стимулирующую функции, что способствует пробуждению читательской рефлексии.

Работа над книгой не требует сквозного прочтения, хотя определённая логика в предлагаемой последовательности текстов присутствует. В конце пособия предлагаются темы для докладов и эссе.

Авторы стремились построить пособие таким образом, чтобы оно могло использоваться и для самостоятельной работы студентов, как своего рода учебный «путеводитель» по необычным русским музеям и по русской культурной памяти.

Выражаем благодарность доктору педагогических наук, доценту Лидии Васильевне Красильниковой, кандидату педагогических наук, доценту Анне Георгиевне Лилеевой и доктору педагогических наук, доценту Вере Александровне Степаненко за ценные советы и рекомендации.

РОССИЙСКИЙ ФЛАГ

Музей русского флага в Москве

С овременный государственный флаг России (триколор[1]) — бело-сине-красный. Он был принят в качестве государственного в 1991 году. После красного советского флага россияне никак не могли запомнить, какой цвет вверху, какой в середине, а какой внизу. Тем более что все эти цвета в разных комбинациях встречаются на флагах многих стран мира.

Тогда даже появились специальные запоминалки[2]. Например, блондинка с синими глазами и красными губами. Это если смотреть сверху вниз. А если наоборот — снизу вверх, то получается не так эротично, а именно: КГБ* (красный-голубой-белый).

Если, однако, серьёзно, то история российского триколора, как и история всех флагов мира, очень непростая. Но интересная, поучительная, а главное — отражающая менталитет* народа.

До середины XVII века у русских не было государственного флага. Не было и слова «флаг», которое пришло в русский язык из голландского в том же XVII веке. По-голландски это название крепкой материи, из которой шили морские флаги. Просто и прагматично.

В русском языке было (и есть) слово «стяг[3]». От «стягивать[3]». То есть во время битвы воины «стягивались» в боевой порядок под «стягом».

Ещё в русском языке было (и есть) слово «знамя». «Знамя» — это религиозное знамение[4]. На знамени изображается Христос или святые.

У русских не было единого флага-стяга-знамени, но были обязательные цвета на знамёнах, имевшие символическое значение.

Красный. Цвет крови Христа и воскрешения. А ещё по-русски «красный» — значит 'красивый, прекрасный'. А ещё «красный» — это цвет силы и мужества[5]. Под красным флагом русские воевали больше тысячи лет назад.

Белый (серебряный). Цвет чистоты, святости, православия.

Чёрный символизировал землю и весь народ.

Жёлтый (оранжевый, золотой). Цвет монархии, царя, императора.

Синий. Цвет неба и правды.

Все эти цвета были важны и для Византии*, откуда Русь приняла христианство.

В 1668 году царь Алексей Михайлович*, отец Петра Великого*, как-то раз решил построить большой корабль и назвать его «Орёл». Строительством корабля руководил голландский инженер Бутлер.

У корабля, как известно, должно быть не только название, но и флаг. Бутлер посоветовал сделать флаг красно-бело-синим. Как его родной, голландский. Правда, на голландском тогда был не красный, как сейчас, а оранжевый, но это не важно. А важно то, что именно эти цвета очень хорошо различимы в море, на большом расстоянии. Чисто европейские здравый смысл и расчётливость[6].

Русский царь согласился, только приказал переставить цвета местами. Так триколор прижился[7] на русских кораблях. И Пётр Первый в 1693 году присваивает ему статус «Флаг Царя Московского».

Однако государственным этот флаг так и не стал. Зато в 1709 году он становится торговым флагом Российской империи. Чем-то вроде эмблемы евро — символа нынешнего Евросоюза.

В середине XIX века, то есть через 150 лет, император Александр II наконец-то решает ввести государственный флаг, но — чёрно-жёлто-белый. Жёлтый — это самодержавие[8], белый — православие, чёрный — народность. Правда, теперь Россия позаимствовала[9] расцветку[10] у Австрийской империи, где, впрочем, символика у цветов была совсем другая.

Флаг Александра II просуществовал меньше 40 лет, и в 1896 году, во время коронации[11] Николая II*, последнего, увы[12], русского императора, Россия возвращается к петровскому триколору.

А через 20 лет происходит революция, и более 70 лет страна живёт под красным флагом коммунистической идеи. Хотя, как мы помним, она же — идея воскрешения, красоты и мужества. Парадокс, но флаг СССР имел, в общем-то, древнерусский цвет.

Флагам свойственно возрождаться, и бело-сине-красное знамя снова поднялось над Кремлём в 1991 году.

До сих пор не утихают споры о символике российского флага. И есть о чём поспорить. О чём помечтать, пофантазировать...

Сейчас, например, некоторые эксперты «переводят» российский флаг так.

Белый — это символ быстротекущего[13] времени, «бренности бытия»*. Синий — символ Истины, Правды. Красный — Воскрешения, Победы. То есть российский флаг — это символ власти над всем земным во имя Небесной Правды.

Красиво, не правда ли?

Достойная[14] цель. Благородная[15] задача. Начали с прочной голландской материи и чисто прагматического вопроса о том, как издалека увидеть корабль в море, а закончили Небесной Миссией[16] спасения человечества.

Очень по-русски.

Комментарий

[1] **триколор** — флаг, состоящий из трёх полос разного цвета
[2] **запоминалка** — *разг.* приём, позволяющий запомнить что-л.; самая известная русская запоминалка — предложение, позволяющее запомнить названия и последовательность цветов радуги: «Каждый Охотник Желает Знать, Где Сидит Фазан». *Какие запоминалки есть в вашем родном языке?*
[3] **стяг** — от **стягивать** — соединять, сводить вместе
[4] **знамение** — знак, символ; явление природы, служащее по религиозным представлениям приметой наступления, близости чего-л.

[5] **мужество** — большая смелость (обычно в бою). *Какие син. слова «мужество» вы знаете? Только ли с войной, со сражениями связано мужество?*

[6] **расчётливость** — прагматичность, практичность, бережливость

[7] **прижиться/приживаться** — быть принятым, используемым. *Как вы объясните значение и употребление глаголов «ужиться/уживаться», «сжиться/сживаться», «вжиться/вживаться», «разжиться/разживаться», «нажиться/наживаться»?*

[8] **самодержавие** — неограниченная власть монарха, система государственного управления, основанная на такой власти

[9] **позаимствовать/заимствовать** — *разг.* перенять/перенимать, подражая, следуя кому-, чему-л.

[10] **расцветка** — сочетание, подбор цветов

[11] **коронация** — торжественная церемония возложения короны на голову вступившего на престол монарха

[12] **увы** — междометие, выражающее сожаление, огорчение по поводу чего-л. *Какие ещё способы выражения сожаления в русском языке вы знаете?*

[13] **быстротекущий** — *Как образовано это слово? Что ещё, кроме «времени», может быть «быстротекущим»?*

[14] **достойный** — заслуживающий уважения, стоящий

[15] **благородный** — высоконравственный, добродетельный, исключительно честный. *Как бы вы объяснили значение слова «благородство»: а) ребёнку 5–7 лет и б) студенту философского факультета?*

[16] **ми́ссия** — основной смысл, цель. *Как вы понимаете значение слова «мессия»?*

КГБ (Комитет государственной безопасности СССР) — орган в сфере обеспечения государственной безопасности, действовавший с 1954 по 1991 год

менталитет — *терм.* совокупность эмоциональных, культурных особенностей и ценностных ориентаций, присущих социальной или этнической группе

Византия (Восточная Римская империя) — государство IV–XV веков, образованное после распада Римской империи

Алексей Михайлович (1629–1676) — русский царь (1645–1676), сын царя Михаила Фёдоровича Романова

Пётр Великий (1672–1725) — русский царь (1682–1725), император с 1721 года; великий государственный деятель, полководец, флотоводец, дипломат; провёл в России многочисленные реформы, определив тем самым основные направления развития страны в XVIII веке

Николай II (1868–1918) — последний российский император, сын Александра III; расстрелян большевиками вместе со своей семьёй в 1918 году в Екатеринбурге

бренность бытия — *книж., терм.* конечность существования всего на земле; временность, тленность, смертность, эфемерность

Вопросы

1. Как менялись цвета российского флага и их символическое значение?

2. В чём различие в значении слов «истина» и «правда»? Как бы вы доказали особую значимость этих слов в русской лингвокультуре? Есть ли аналогичные слова в вашем родном языке?

3. Какие цвета имеют символическое значение в вашей культуре? Какие это значения? Кто из русских писателей использовал слова-цветообозначения в качестве символов?

4. Найдите в интернете дополнительную информацию о Музее Российского флага, скажите, где он находится, когда был основан, что представлено в экспозиции этого музея.

НООСФЕРА
В. И. ВЕРНАДСКОГО

Государственный геологический
музей имени В. И. Вернадского*

стория Государственного геологического музея, в котором сейчас хранится около трети[1] миллиона экспонатов, восходит к знаменитому «минеральному кабинету». Автором идеи этого кабинета был М. В. Ломоносов*. Первыми экспонатами «минеральный кабинет» снабдили[2] Демидовы*. Собственно, с этого в 50-х годах XVIII века и началась русская геология. Сейчас музей носит имя В. И. Вернадского. И здесь — символическая перекличка[3].

М. В. Ломоносов, безусловно, самый универсальный русский гений XVIII века. Философ, поэт, филолог, химик, физик, геолог...

В. И. Вернадский — один из самых универсальных гениев конца XIX — первой половины XX века. Биогеохимик, радиогеолог, философ естествознания, методолог науки и т. д. И, надо сказать, история не случайно связала эти имена именно через геологию, науку о земле.

М. В. Ломоносов «учреждал[4]» и «собирал» науки. Он был человеком энциклопедического синтеза.

Между М. В. Ломоносовым и В. И. Вернадским науки, в том числе и геология, стали как бы распадаться[5], дробиться[6]. В рамках геологии возникает множество обособленных дисциплин: тектоника, петрография, литология*, учение о полезных ископаемых и т. д. и т. п.

В. И. Вернадский вновь приходит к идее синтеза, учения о том, что земля требует сложнейшей, единой, комплексной науки. Наиболее ярко этот «новый синтез» проявился в учении о ноосфере, то есть о том, что человеческий разум, дух — великая геологическая и космическая сила. То есть и вспышка на Солнце, и извержение[7] вулкана, и выступление учёного на конференции, и стихи, прочитанные поэтом, — явления одного порядка. И ещё не известно, что сильнее. Скорее всего — выступление учёного и стихи!

У многих народов с древнейших времён существовал магический обряд[8] поклонения[9] камням и «созерцания* камней». Вспомним хотя бы всем хорошо известные японские сады камней. Камни, породы[10], минералы — древнейшие существа на земле. Они — живые. Даже сверхживые. Они, как Ленин, — «живее всех живых»*, поэтому всегда являлись объектами культа. Они — «драгоценные» (геммология*), роковые, судьбоносные[11]. В них содержится окончательное знание о мире и бессмертии (философский камень в алхимии). Говоря современным языком, в камнях заключён генетический код земли, в них запрограммировано её прошлое и будущее. Мы сами — дети камней, пытающиеся постичь их тайну, а значит — и тайну своего рождения, смерти и бессмертия.

В. И. Вернадский в своём учении о ноосфере, хотел он того или нет, переступил ту грань[12], которая отделяет науку от поэзии, религии, искусства. Он как будто не просто «изучает камни», он в них верит!

Не случайно многие учёные называют ноосферологию* новой гражданской религией. В. И. Вернадский и сам говорил: «Можно сказать, что логики естествознания нет». Логики нет, но зато есть новые духовные[13] горизонты.

Геология, конечно, — это строго научное естествознание, но она ещё и источник Великой Планетарной Веры, которая так необходима современному человеку.

Долго и вдумчиво[14] «созерцая камни» в музее геологии, в конечном счёте начинаешь испытывать именно такое чувство — глубинного духовного единения с Землёй и веры в неё и в себя. Наверное, нечто подобное, только куда[15] сильнее и глубже, испытывал и М. В. Ломоносов, сочиняя вдохновеннейшие[16] стихи о минералах, и сам В. И. Вернадский, создавая учение о ноосфере.

Надо только учиться по-настоящему «созерцать камни». Будем учиться...

Комментарий

[1] **треть** — одна третья часть. *Какие слова обозначают ¼ и ½ части?*
[2] **снабдить/снабжать** — обеспечить/обеспечивать, дать/давать, доставить/доставать нужное

[3] **перекличка** — сходство в чём-л. *От какого глагола образовано слово «перекличка»? Какие значения есть у этого глагола?*

[4] **учредить/учреждать** — основать/основывать, создать/создавать. *Почему слова «учреждать» и «собирать» в тексте взяты в кавычки?*

[5] **распасться/распадаться** — разделиться/разделяться на отдельные части, утратить/утрачивать целостность

[6] **раздробиться/дробиться** — разделиться/разделяться на мелкие части

[7] **извержение (вулкана)** — выброс вулканом лавы, пепла, огня

[8] **обряд** — совокупность установленных обычаем действий, связанных с выполнением религиозных правил или с бытовыми традициями. *В чём различие в значении слов «обряд», «традиция», «обычай», «ритуал» и «церемония»?*

[9] **поклонение** — от **поклоняться** — чтить, уважать кого-, что-л. как божество, как высшую силу

[10] **порода** — *спец.* ископаемый минерал, образующий толщу, пласт земной коры

[11] **судьбоносный** — *книж.* очень важный для чего-л., определяющий судьбу чего-л. *Как образовано это слово?*

[12] **переступить/переступать (грань)** — *книж.* нарушить/нарушать правило, нормы поведения, закон и т. п.

[13] **духовный** — связанный с внутренним, нравственным миром человека. *Как вы понимаете различие в значении слов «духовный» и «душевный»?*

[14] **вдумчиво** — от **вдумчивый** — способный глубоко, серьёзно, сосредоточенно мыслить. *Что означает глагол «вдуматься/вдумываться»?*

[15] **куда (сильнее и глубже)** — *разг.* намного, во много раз, гораздо

[16] **вдохновеннейший** — *превосх. ст.* от **вдохновенный** — проникнутый, преисполненный вдохновением, то есть приподнятым душевным состоянием, настроением, воодушевлением

Вернадский Владимир Иванович (1863–1945) — знаменитый российский мыслитель и естествоиспытатель

Ломоносов Михаил Васильевич (1711–1765) — великий русский учёный, писатель, просветитель; родившись в семье рыбака, пришёл учиться в Москву, когда ему уже было 19 лет; написал учёные труды и совершил открытия в области физики, химии, астрономии, геологии, географии; явился одним из преобразователей русского литературного языка; был талантливым поэтом, художником и философом; по инициативе М. В. Ломоносова в 1755 году основан Московский университет, первый университет в России. А. С. Пушкин сказал о М. В. Ломоносове: «Он создал первый университет, он сам был первым университетом».

Демидовы — род богатейших русских предпринимателей (заводчиков и землевладельцев), ставший известным при Петре I благодаря созданию оружейных и горнодобывающих предприятий в Туле и на Урале

а) тектоника, б) петрография, в) литология, г) геммология, д) ноосферология — *терм.* науки, изучающие а) (от *др.-греч.* τεκτονική 'строение, построение' + λόγος 'учение') построение конструктивного целого; б) (от *др.-греч.* πέτρος 'камень' + γράφω 'пишу') горные породы; в) (от *др.-греч.* λίθος 'камень' + λόγος 'учение') состав, структуру и происхождение осадочных пород, включая руды; г) (от *лат.* gemma 'самоцвет, драгоценный камень' + *др.-греч.* λόγος 'учение') химический состав драгоценных камней, их физические свойства, а также качество ювелирных изделий; д) (от ноосфера — *др.-греч.* νόος 'разум' + σφαῖρα 'шар') взаимодействие общества и природы

созерцание — *терм.* способ познания через непосредственное отношение сознания к предмету, то есть непосредственное восприятие действительности

«живее всех живых» — фраза из поэмы В. В. Маяковского (1893–1930) «Владимир Ильич Ленин» (1924): *«Нам ли / растекаться / слёзной лужею, — / Ленин / и теперь / живее всех живых. / Наше знанье — / сила / и оружие».*

Вопросы

▶ 1. Что вы узнали об истории создания Государственного геологического музея имени В. И. Вернадского?

▶ 2. Что вы можете рассказать о деятельности Владимира Ивановича Вернадского? Знаете ли вы, какие российские топонимы и названия учреждений связаны с именем этого учёного?

▶ 3. Как бы вы объяснили основную идею учения о ноосфере?

▶ 4. Кого из современных учёных — последователей идей В. И. Вернадского вы знаете?

О ЗЕМЛЕ ПОД САМЫМ НЕБОМ

Музей землеведения МГУ

дея создания Музея землеведения родилась в 1950 году. Учёные обратились к правительству за поддержкой. Поддержка была оказана.

Через пять лет музей был открыт.

Надо понять, что это был один из, как сейчас говорят, знаковых[1] проектов середины XX века.

Только что закончилась мировая, планетарная, война. И вот на верхних этажах самого высокого здания Москвы создаётся музей, являющийся одновременно научно-исследовательским центром, призванным, по сути дела[2], синтезировать в себе все науки о земле. Прежде всего — геологию, географию, биологию и почвоведение, но на самом деле — все естественные и точные науки, а если разобраться — то и гуманитарные тоже.

К середине XX века наука как никогда близко подошла к идее синтеза всех видов знаний. Окончательно созревает теория биосферы* и ноосферы*, мысль о неразрывной связи космоса и земли (космической биологии) и т. д. Время, начиная с окончания войны и «укрощения атома»* до Гагаринского триумфа*, — одна из самых магнетически-загадочных эпох в истории российской и мировой науки. Это время фантастического напряжения интеллектуальных и духовных[3] сил и открытий, которые по достоинству ещё не оценены[4].

В сущности, именно тогда окончательно выкристаллизовываются[5] мощнейшие стратегические методы научного познания мира, которыми мы пользуемся до сих пор и будем пользоваться ещё многие десятилетия. Конечно, идеи созревали раньше, но именно в этот период судьбоносные[6] методы познания Земли и вселенной судьбоносными методами Вернадского*, Чижевского*, Докучаева* и других учёных становятся явью[7].

Наше время эффектных интернет-девайсов и прочих суетливо[8] расталкивающих[9] друг друга рекламными локтями* гаджетов, страшилок[10] о глобальном потеплении, нанопроектов*, геномодификаторов* и т. д. — это время всего лишь бурного развития технологий, прикладных методик, «тактик». Все стратегические методы были выработаны тогда, более полувека назад.

Гидроборацит
Hydroboracite
$CaMgB_6O_8(OH)_6 \cdot 3H_2O$
радиально - лучистые агрегаты
Казахстан   МЗ МГУ
Дар Индерской ГРП   ОФ 514

Нам осталась только, извините за вычурное[11] выражение, «технократическая методофагия»[12]. Всё, что сейчас придумывается, — очень ярко, броско, эффектно[13], но что дальше? И что ждёт нашу Землю в будущем?

О том, что «дальше», говорят кажущиеся молчаливыми экспонаты музея землеведения и те научные труды, которые создавались учёными, стоявшими у истоков основной коллекции музея. Верхние этажи главного здания Московского государственного университета (universum — это Вселенная) с их символической архитектурой ротонды (ротонда — земной шар, купол — небо, колонны — взаимосвязь земли и космоса), со шпилем — «осью мира» и эмблемой устремлённости ввысь человеческого духа, круговой панорамой Москвы, символизирующей перспективы научного познания, — вся эта символика и эмблематика* ещё ждёт своего осмысления и оценки.

Посетить музей землеведения — это не просто побывать в высотке МГУ и посмотреть на образцы почвенных монолитов* или на макет термитника[14], это шанс перейти в иное духовное и интеллектуальное измерение.

Комментарий

[1] **знаковый** — символичный, показательный, знаменательный

²по сути дела — на самом деле, в сущности, говоря по существу

³духовный — связанный с внутренним, нравственным миром человека. *Как вы понимаете различие в значении слов «духовный» и «душевный»? Приведите контексты употребления этих слов.*

⁴(оценить) по достоинству — объективно, с уважением к сделанному

⁵вы́кристаллизоваться/выкристаллизо́вываться — стать/ становиться ясным, чётким

⁶судьбоносный — *книж.* очень важный, определяющий судьбу. *Как образовано это слово?*

⁷(стать/становиться) явью — (стать/становиться) реальностью, действительностью. *Какой ант. слова «наяву» вы знаете? С какими глаголами сочетается это слово?*

⁸суетливо — от суетливый — торопливый, беспокойный, тревожный

⁹расталкивающий — от **расталкивать** — *разг.* очищать место, проход, толкая, то есть касаясь других короткими и резкими движениями, в разные стороны

¹⁰страшилка — *разг.* история, версия, прогноз и т. п., которыми пугают, страшат

¹¹вычурный — *неодобр.* чрезмерно украшенный, лишённый простоты. *С какими существительными может сочетаться это прилагательное?*

¹²(технократическая) методофагия — *окказ.* от *др.-греч.* φάγος 'есть, пожирать' + μέθοδος 'путь исследования или познания'. *Какой иронический смысл вкладывается в этот окказионализм?*

¹³эффектно — *В чём различие в значении слов «эффектно» и «эффективно»? Приведите примеры употребления этих слов.*

¹⁴термитник — надземная часть жилища термитов, или белых муравьёв

биосфера — *терм.* от *др.-греч.* βιος 'жизнь' + σφαῖρα 'сфера, шар' — оболочка Земли, заселённая живыми организмами

ноосфера — *терм.* от *др.-греч.* νόος 'разум' + σφαῖρα 'шар' — сфера взаимодействия общества и природы, в границах которой разумная человеческая деятельность становится определяющим фактором развития

«укрощение атома» — *Как бы вы прокомментировали значение этой метафоры?*

Гагаринский триумф — имеется в виду полёт Юрия Алексеевича Гагарина (1934–1968) в космос 12 апреля 1961 года

Вернадский Владимир Иванович (1863–1945) — знаменитый российский мыслитель и естествоиспытатель; см. также текст на с. 14

Чижевский Александр Леонидович (1897–1964) — российский учёный, биофизик, философ, поэт, художник

Докучаев Василий Васильевич (1846–1903) — знаменитый российский геолог и почвовед

рекламные локти — *Как вы понимаете метафору «расталкивать друг друга рекламными локтями гаджетов»? На каком сравнении основана эта метафора?*

нанопроект — проект, направленный на развитие нанотехнологии — области фундаментальной и прикладной науки и техники, имеющей дело с изучением и производством продуктов с заданной атомной структурой (от нано — одна миллиардная часть единого целого)

геномодификатор (ген-модификатор) — *терм.* ген, не проявляющий собственного действия, но усиливающий или ослабляющий эффект действия других генов

эмблематика — *терм.* специальная историческая дисциплина, которая занимается исследованием эмблем (от *др.- греч.* έμβλημα 'вставка, рельефное украшение') — условно-символических изображений определённых понятий или идей. *Какие эмблемы России и своей страны вы знаете?*

почвенный монолит — *терм.* образец почвы с ненарушенным строением почвенного профиля

Вопросы

1. Как возникла идея создания Музея землеведения МГУ? Где он находится? Что можно посмотреть в этом музее?

2. Какие научные идеи получили развитие в середине XX века? Чем отличается наше время от эпохи первых послевоенных лет?

3. Как архитектура Главного здания МГУ имени М. В. Ломоносова коррелирует с научными идеями середины XX века?

4. Какие ещё высотные здания (высотки) Москвы вы знаете? Когда они были построены? Что в них находится? Как бы вы определили такой архитектурный стиль? Как вы к нему относитесь? Знаете ли вы какие-нибудь легенды, связанные с Главным зданием МГУ?

О САМОМ ДРЕВНЕМ...

Палеонтологический музей
имени Ю. А. Орлова

О снователем палеонтологии (науки о вымерших животных и растениях) считается Жорж Кювье*. Кювье родился в 1769 году, а за 51 год до рождения основателя палеонтологии, в 1718 году, Пётр Первый* открыл в Петербурге знаменитую Кунсткамеру, издав указ[1], в котором, в частности, россиянам предписывалось следующее: «...Ежели кто найдёт в земле какие старые вещи, а именно: каменья необыкновенные, кости скотские, рыбьи, птичьи, не такие, какие у нас ныне есть, також бы приносили, за что давана будет довольная дача...»*.

По преданию[2], на мысль о Кунсткамере Петра натолкнули две сосны, ветка одной из которых причудливо[3] вросла в сосну-соседку.

Потом на основе Кунсткамеры выделился особый музей палеонтологии, обосновавшийся в Москве, на Калужской улице*, в манеже графа Орлова*.

А затем, уже в середине XX века, усилиями однофамильца графа, академика Юрия Александровича Орлова* и других учёных был создан Музей палеонтологии на Профсоюзной улице*.

Перекличка[4] фамилий (Орлов — Орлов), кстати, — всегда счастливая мистика. Не случайно, например, основатель русского космизма* Н. Ф. Фёдоров*, вдохновивший К. Э. Циолковского* на создание ракеты и в конечном счёте на полёт человека в космос, был на самом деле графом Гагариным. Но это так, к слову[5]...

Наверное, здесь, в музее на Профсоюзной, витает дух[6] Петра — идейного вдохновителя русской палеонтологии, заочно[7] опередившего мировую науку почти на век. Редкий случай, когда Россия не догоняет, а опережает.

Пётр был «человеком-оксюмороном*», соединившим в себе, казалось бы, несоединимое. С одной стороны, жёсткий прагматик и человек самых незатейливых[8] бытовых привычек. С другой — редкий экзотоман[9]. История с соснами и Кунсткамерой — тому подтверждение. Кроме «скотских костей», он ведь[10] предписал[11] собирать всё странное, необычное, диковинное.

Вроде бы Пётр всё время рвался[12] в будущее, прорубал всякие инновационные «окна»* и т. п., но при этом был магически связан со всеми «палео» (от *др.-греч.* παλαιο 'древний'), от ископаемых костей до древних культурных раритетов[13]. Он был и новатор, и архаист в одном лице.

Пётр до конца жизни оставался ребёнком в душе, как, впрочем, и положено любому талантливому человеку. Получается такой вот взрослый ребёнок, устремлённый в будущее, но влюблённый в диковинные древности. А отчего дети (пожалуй, самые активные посетители палеонтологического музея) так любят всяческих[14] ископаемых тарбозавров* и диплодоков*? Оттого, что диплодоки древние и диковинные.

Палеонтология, конечно, сложная и серьёзная наука, но она ещё и великая культурная скрепа[15].

Что может соединить Петра Великого, российских детей XXI века и какой-нибудь юрский мезозой? Ничего. Только палеонтология. Именно благодаря ей мир становится огромным, зазывным[16] и загадочным, как в детстве, и прикольно[17]-добрым, как местный мамонтёнок[18] «Дима».

Комментарий

[1] **указ** — *Как бы вы объяснили различие в значении и употреблении слов «указ», «приказ», «наказ», «закон», «постановление», «предписание», «распоряжение»?*

[2] **предание** — устный рассказ, история, передающиеся из поколения в поколение. *В чём различие в значении слов «предание», «сказка», «легенда», «былина», «миф», «притча», «поверье»?*

[3] **причудливо** — необычным образом. *Какие однокоренные слова вы знаете? Что они означают?*

[4] **перекличка** — сходство в чём-л. *От какого глагола образовано существительное «перекличка»? Какие значения есть у этого глагола?*

[5] **к слову** — в дополнение к сказанному

[6] **витать (о духе)** — *книж.* незримо, таинственно присутствовать

[7] **заочно** — без непосредственного, прямого участия

[8] **незатейливый** — *разг.* простой, несложный, примитивный

[9] **экзотоман** — *окказ.* человек, любящий всё необычное, экзотическое

[10] **ведь** — *В какой функции используется эта частица? Какие ещё русские частицы могут употребляться в данной функции?*

[11] **предписать/предписывать** — *офиц.* приказать/приказывать

[12] **рваться** — *разг.* стремиться, очень сильно хотеть

[13] **раритет** — от *лат.* rarus 'редкий' — *книж.* ценная редкая вещь

[14] **всяческий** — *разг.* всякий, разный

[15] **скрепа** — то, что соединяет. *Какой однокоренной глагол вы знаете? Что он означает?*

[16] **зазывной** — то, что притягивает, зазывает, зовёт

[17] **прикольно** — *разг.* смешно, удивительно, необычно

[18] **мамонтёнок** — детёныш мамонта, вымершего животного семейства слоновых

II

Кювье, Жорж Леопольд (1769–1832) — французский естествоиспытатель, натуралист, основатель сравнительной анатомии и палеонтологии

Пётр Великий (1672–1725) — русский царь (1682–1725), император с 1721 года; великий государственный деятель, полководец, флотоводец, дипломат

ежели, каменья, ныне, також, давана, довольная дача — книжная и устаревшая лексика в тексте указа Петра I. *Знаете ли вы современные син. этих слов? В какой функции может использоваться эта лексика в современных текстах?*

Калужская улица в Москве — Малая Калужская улица проходит от ул. Академика Петровского на юго-запад параллельно Ленинскому проспекту; ближайшая станция метро — «Шаболовская». *Как вы думаете, почему улица получила такое название?*

манеж графа Орлова — летний домик имения Фёдора Григорьевича Орлова (1741–1796), одного из знаменитых братьев Орловых. *Знаете ли вы, чем прославились братья Орловы? Какие исторические сюжеты связаны с этой фамилией?*

академик Орлов Юрий Александрович (1893–1966) — известный российский зоолог и палеонтолог. *Что означает слово «академик»? Какие слова, обозначающие учёные звания в России, вы знаете?*

Профсоюзная улица — улица в Москве, которая проходит от площади Хо Ши Мина до Московской кольцевой автодороги (МКАД); на этой улице находятся станции метро «Профсоюзная», «Академическая», «Новые Черёмушки», «Калужская»

космизм — *терм.* философское мировоззрение, в основу которого положено представление о Космосе и о человеке как «гражданине Мира»; философы-космисты размышляли над дальнейшими перспективами развития человечества

Фёдоров Николай Фёдорович (1829–1903) — русский религиозный мыслитель и философ-футуролог. Известны следующие афоризмы Н. Ф. Фёдорова: *Человечество не может удовлетвориться тесными пределами Земли | Добро есть жизнь | Жить нужно не для себя (эгоизм) и не для других (альтруизм), а со всеми и для всех.*

Циолковский Константин Эдуардович (1857–1935) — русский и советский учёный и изобретатель, школьный учитель; основоположник теоретической космонавтики. Известны следующие афоризмы К. Э. Циолковского: *Абсолютная воля и власть принадлежат Космосу — и только ему одному | Будущее человечества — в Космосе! | В Космосе нет ничего, кроме высшей, сознательной, бесконечной и счастливой жизни. Остальное, по малости, незаметно | Везде существуют планеты и везде они готовы для восприятия жизни | Величайший* *разум господствует в Космосе, и ничего несовершенного в нём не допускается.*

оксю́морон — *терм.* от *др.-греч.* ὀξύς 'острый' + μωρός 'глупый' — стилистическая фигура, основанная на сочетании противоположных по смыслу слов. *Какие примеры оксюморона вы знаете?*

прорубать всякие инновационные «окна» — аллюзия на крылатую фразу из поэмы А. С. Пушкина «Медный всадник» (1833), характеризующая основание Петром I Санкт-Петербурга, первого морского порта России: *И думал он: / Отсель грозить мы будем шведу, / Здесь будет город заложён / На зло надменному соседу. / Природой здесь нам суждено / В Европу прорубить окно <...>.*

тарбозавры, диплодоки — *терм.* названия доисторических гигантских ящеров

Вопросы

1. Что предписывал указ Петра I? О каких ещё необычных распоряжениях первого русского императора вы знаете? Что было детского в характере Петра?

2. Как вы поняли из текста, что такое «перекличка фамилий»? Знаете ли вы похожие примеры? С какими именами связано создание Палеонтологического музея?

3. Чем, на ваш взгляд, объясняется интерес детей ко всему древнему и необычному? Были ли у вас в детстве похожие увлечения, если да, то в чём они проявлялись?

4. Есть ли в вашей стране палеонтологический музей? Почему палеонтологию можно считать «культурной скрепой»?

ИСТОРИЯ БАЙКАЛА

Самая расхожая[1] версия о возрасте Байкала — 20–25 миллионов лет. То есть Байкал — древнейшее озеро планеты Земля. Впрочем, многие лимнологи (лимнология — наука об озёрах) говорят, что Байкалу всего лишь несколько десятков тысяч лет, но и в этом случае Байкал бьёт все статистические рекорды[2], потому что получается, что он — самое молодое озеро в мире. Тоже вариант, как говорится.

Пожалуй[3], нет больше такого другого места на земле, которое давало бы столько сногсшибательной[4] статистики. Ну[5], например, если всю (разумеется, самую чистую в мире) воду (конечно, самого глубокого в мире) озера Байкал распределить между всеми гражда-

нами России, то каждому достанется 2773 цистерны[6], по 60 тонн каждая. Если пить по два литра в день, то каждому россиянину хватит примерно на 228 тысяч лет.

Ещё ряд статистических «хитов»...

Байкал — это площадь Нидерландов. Или Дании. Или Бельгии.

Глубина озера — 1637 метров (за ним, по 1000 метров, — только Каспий* и Танганьика*). Причём глубину учёные «утвердили» лишь в 2002 году, и не факт[7], что это предел.

В Байкале — пятая часть всей пресной воды Земли.

В Байкал втекает рекордное количество рек — 336. А знаменитая река Ангара, наоборот, вытекает из Байкала. Существует легенда, в которой рассказывается о бегстве Ангары от отца Байкала к Енисею.

Однако дело, конечно, не только и не столько в цифрах. Байкал — это уникальнейший геокультурный феномен.

Байкал прежде всего — это несомненный центр Евразии. Иногда его называют Великим евразийским пупом[8]. Иногда — Великим евразийским полумесяцем. Он действительно имеет форму полумесяца. И его «рога» имеют символические направления. Если их продолжить полукружьями, то они пройдут через важнейшие центры мировой культуры. Впрочем, это уже «геомистика».

Территория вокруг Байкала является пересечением всех этнических, культурных и религиозных векторов Евразии. Байкал — как

бы этно-культурно-религиозно-энергетический аккумулятор континента. С южной стороны Великого евразийского пупа в древние

времена сформировался основной байкальский этнос — бурят-монголы (Байкал по-бурятски — «Байгал Далай»; ср.: Далай Лама). Именно бурят-монголы предприняли первую в истории Евразии попытку объединить континент. Чингисхан* основал относительно недалеко к югу от Байкала столицу Евразии — город Каракорум.

Можно сколько угодно считать монголов отсталыми степняками, но Каракорум был принципиально задуман как Великая столица, где должны были мирно сосуществовать все народы и главное — все три мировые религии — буддизм, христианство и ислам.

Столицы для всех трёх мировых религий в истории человечества не было и пока нет. А ведь[9], согласимся, это весьма актуальная задача в нашу эпоху, во времена конфликта цивилизаций, религиозных войн и геополитической смуты[10].

С точки зрения натурфилософии* объяснить феномен Байкала-Каракорума можно примерно так: именно Байкал призван объединить земли, потому что именно в нём оптимально сошлись остальные три стихии — вода, воздух и огонь.

То, что Байкал — «рекордсмен» по воде, это понятно, но он ещё, как показывают исследования лимнологов, и «рекордсмен» по насыщенности воды кислородом (воздухом). Отсюда, кстати, колоссальное количество видов рыб, которые легко зимуют подо льдом, и вообще фауны и флоры (1800 видов, из которых 75 % эндемических, то есть встречающихся только тут). А ещё территория Байкала и вокруг него — одна из самых солнечных. Солнце здесь светит 2524 часа в году, то есть семь часов каждый день!

Скажете, это мистика? Вряд ли[11], всё намного серьёзнее.

И может быть, когда-нибудь в этом крае, например в Иркутске* или Улан-Удэ*, будет возведён[12] второй Каракорум — город Мира и вечной Дружбы всех народов, культур и религий.

Комментарий

I

[1] **расхожий** — *разг.* известный, широко распространённый

[2] **побить/бить все рекорды** — *разг.* превысить/превышать, превзойти/превосходить

[3] **пожалуй** — возможно, вероятно, может быть

[4] **сногсшибательный** — *разг.* поразительный, потрясающий. *Как внутренняя форма этого слова отражает его значение?*

[5] **ну** — допустим, предположим

[6] **цистерна** — хранилище, резервуар для воды и других жидкостей

[7] **не факт** — *разг.* сомнительно, маловероятно, вряд ли. *Какие ещё способы выражения сомнения в русском языке вы знаете?*

[8] **пуп** — средина, средоточие, центр чего-л. *Каково прямое значение слова «пуп, пупок»?*

[9] **ведь** — частица, служащая для ввода аргумента. *Какова этимология этой частицы? В каких ещё случаях она может употребляться?*

[10] **смута** — *книж.* беспорядок, расстройство, волнение

[11] **вряд ли** — *разг.* сомнительно, маловероятно, не факт

[12] **возведён** — от **возвести** — соорудить, воздвигнуть, построить что-н. важное, значительное

II

Каспий — Каспийское море — крупнейший на Земле замкнутый водоём, который одни считают морем, а другие — озером; находится на границе Европы и Азии; к прикаспийским государствам относятся Россия, Азербайджан, Туркменистан, Иран и Казахстан

Танганьика — озеро в Центральной Африке, берега которого принадлежат четырём странам — Конго, Танзании, Замбии и Бурунди; по объёму и глубине занимает второе место среди озёр мира после Байкала

Чингисхан (1162–1227) — первый великий хан Монгольской империи, объединивший монгольские и тюркские племена; полководец, организовавший завоевательные походы монголов в Китай, Среднюю Азию, на Кавказ и в Восточную Европу; основатель самой крупной в истории человечества континентальной империи

натурфилософия — философия природы — *терм.* умозрительное истолкование природы, рассматриваемой в её целостности и последовательности; возникла в досократовский период, то есть до Сократа (469–399 до н. э.), и явилась первой исторической формой философии. *В каком значении этот термин употребляется в тексте?*

Иркутск — старинный сибирский город, здания которого относятся к XVIII веку и построены в уникальном стиле — сибирском барокко; находится в 66 км от Байкала

Улан-Удэ — столица Республики Бурятия; находится примерно в 190 км от Байкала

Вопросы

▶ 1. Что вы знаете об озере Байкал? Какие ещё озёра есть на территории России? Чем они известны, где находятся?

▶ 2. В чём заключается уникальность Байкала как геокультурного феномена? Какие народности населяют территорию вокруг Байкала? Что вы знаете об их культуре (религии, языке, традициях)?

▶ 3. Как можно объяснить феномен Байкала с точки зрения натурфилософии?

▶ 4. О каких центрах мировой культуры вы можете рассказать?

КУНСТКАМЕРА

контроль

Музей антропологии и этнографии имени Петра Великого

Когда произносят слово «кунсткамера», обыватель обычно представляет себе некую коллекцию уродцев[1], или, как говорили в эпоху Петра*, «монстров». Это не совсем так, вернее — совсем не так.

Петровская Кунсткамера — это целая философия, причём такая философия, в которой мы очень и очень нуждаемся в наше время.

Пётр был одержим[2] идеей наведения порядка в России. Он, говоря иначе, хотел «систематизировать» русскую жизнь, полностью регламентировать её, отрегулировать, сделать стройной и работающей, как часы. Как говорил А. И. Солженицын* (применительно уже к нашей эпохе), «обустроить Россию». При этом царь понимал,

а может быть, чувствовал: чтобы создать систему, надо изучать отклонения от системы. Отсюда — неудержимая страсть[3] Петра ко всевозможным странностям, аномалиям, казусам, редкостям.

Система, изъясняясь[4] языком китайской философии, — это *ян*. Аномалии, асистемные явления — *инь*. И они друг без друга не могут. Диалектика. Пётр и был диалектиком.

Организуя свой кабинет редкостей, или «государев кабинет», Пётр хотел именно получить «систематическое понятие» (это его слова) о явлениях природы и культуры.

И с тех пор, как, согласно известной легенде, царь увидел две причудливо[5] сросшиеся сосны[6], он упрямо, настойчиво коллекционировал асистемные странности бытия, получая «систематическое понятие» о нём и давая его другим.

Началось всё ещё со знаменитого «великого посольства» (1697–1698), где Пётр впервые увидел западноевропейские «куншты» (чудеса, редкости), которые, как он любил изъясняться, «зело дивны»*. Потом, в 1704 году, появится указ «О приносе родившихся уродов, также найденных необыкновенных вещей». Количество «редкостей и натуралий*» быстро росло. Были среди экспонатов и живые. Например, французский великан Николя Буржуа.

Кстати, удивительно созвучны[7] те времена с ранними советскими. Пётр, прямо как профессор Преображенский*, решил заняться евгеникой*, а именно — создать попу-

ляцию гигантов. Для этого он женил Николя на огромной девице[8] Василисе. Эксперимент не удался.

Кунсткамера открывается в 1714 году, и царь делает всё, чтобы туда ходили посетители. Распоряжается[9] выдавать каждому пришедшему чарку[10] водки или чашку кофе. В качестве закуски — «цукерброт*».

Вскоре Кунсткамера становится очень популярной. Там всегда — «великое людство*», глазеющее[11] на четырёхглазую овцу, на восьминогого барана, на странных мышей с собачьими мордами, на диковинные шаманские[12] бубны[13], редкие монеты и т. д.

Популярность Кунсткамеры была столь велика, что её название вошло в народные пословицы. Например, у В. И. Даля*: «в Кунсткамере был, слона не видал».

У Кунсткамеры была долгая и бурная[14] история. Сейчас петровский «кабинет редкостей» — крупнейший в мире музей раритетов[15]. В нём более миллиона экспонатов. И это не просто музей, а, пожалуй, самый удачный в истории человечества эксперимент по «систематизации бессистемного», по упорядочению беспорядочного.

Это, как сказали бы древние греки, победа Космоса над Хаосом.

Не случайно психологи и психотерапевты утверждают, что Кунсткамера может снимать всевозможные фобии, депрессии, неврозы. Надо только правильно организовать индивидуальный экскурсионный маршрут.

Вполне возможно, что в XXI веке Кунсткамера станет своего рода терапийной[16] здравницей[17].

Комментарий

[1] **уродец** — *разг.* от **урод** — человек или животное с заметным физическим недостатком

[2] **одержим** — от **одержимый** — полностью находящийся во власти чего-л. (идеи, чувства, настроения). *Как связано значение слова «одержимый» со значением глагола «держать»? Что такое «навязчивая идея»?*

[3] **(неудержимая) страсть** — сильное влечение к чему-л., непреодолимое желание

[4] **изъясняясь** — от **изъясняться** — *книж., устар.* объяснять, растолковывать, говорить

[5] **причудливо** — необычным образом. *Какие однокоренные слова вы знаете? Что они означают?*

[6] **сросшиеся (сосны)** — от **срастись** — соединиться, образовав одно целое в процессе роста

[7] **созвучны** — от **созвучный** — *книж.* имеющий внутреннее сходство, соответствие

[8] **девѝца** — *устар.* девушка

[9] **распорядиться/распоряжаться** — приказать/приказывать, повелеть/повелевать

[10] **чарка** — *устар.* небольшой (120 граммов) сосуд для питья крепких алкогольных напитков

[11] **глазеющий** — от **глазеть** — *прост.* смотреть из любопытства

[12] **шаманский** — от **шаман** — согласно верованиям некоторых народов человек, способный общаться с духами

[13] **бубен** — ударный музыкальный инструмент в виде обода, предмета в форме круга, с натянутой на него кожей (иногда с колокольчиками, бубенчиками или металлическими пластинками по краям)

[14] **бурная (история)** — о периоде, в который происходят большие перемены, волнующие события. *Какие ещё значения прилагательного «бурный» вы знаете?*

[15] **раритет** — от *лат.* rarus 'редкий' — *книж.* ценная редкая вещь

[16] **терапийный** — *окказ.* от терапия — *др.-греч.* θεραπεία 'лечение'

[17] **здравница** — учреждение для лечения и отдыха

эпоха Петра — время правления Петра Великого (1672–1725), русского царя (1682–1725), императора с

1721 года; великого государственного деятеля, полководца, флотоводца, дипломата

Солженицын Александр Исаевич (1918–2008) — русский писатель, публицист, общественный и политический деятель; лауреат Нобелевской премии по литературе; диссидент, в течение нескольких десятилетий активно выступавший против политического строя СССР; наиболее значимые произведения А. И. Солженицына — «Один день Ивана Денисовича», «Матрёнин двор», «Архипелаг ГУЛАГ», «В круге первом», «Раковый корпус»

зело дивны, натуралии, цукерброт, людство — книжная и устаревшая лексика, используемая в тексте. *Можете ли вы догадаться о том, какие синонимы этих слов употребляются в современном русском языке?*

евгеника — *терм.* от *др.-греч.* ευγενες 'хорошего рода', 'породистый' — учение о селекции применительно к человеку, а также о путях улучшения его наследственных свойств

профессор Преображенский — герой фантастической повести Михаила Афанасьевича Булгакова «Собачье сердце» (1925) — учёный-медик, хирург-экспериментатор; в результате проведённого профессором эксперимента по пересадке человеческого гипофиза и семенных желёз собаке последняя превращается в человека (Шарикова); в 1988 году по мотивам произведения М. А. Булгакова был снят фильм, получивший широкую популярность. Известными стали следующие выражения из этого фильма: — *Как это вам, Филипп Филиппович, удалось подманить такого нервного пса? / — Лаской, лаской. Единственным способом, который возможен в обращении с живым существом. Террором ничего поделать нельзя. Это я утверждал, утверждаю и буду утверждать. Они думают, что террор им поможет. Нет, нет, не поможет. Какой бы он ни был — белый, красный, даже коричневый | — ...Предлагаю вам взять несколько журналов в пользу детей Германии. По полтиннику штука. / — Нет, не возьму. / — Но почему вы отказываетесь? / — Не хочу. / — Вы не сочувствуете детям Германии? / — Сочувствую. / — А, полтинника жалко? / — Нет.*

/ — Так почему же? / — Не хочу | — И, Боже вас сохрани, не читайте до обеда советских газет. / — Да ведь других нет. / — Вот никаких и не читайте. Я произвёл 30 наблюдений у себя в клинике. И что же вы думаете? Те мои пациенты, которых я заставлял читать «Правду», теряли в весе. Мало этого, пониженные коленные рефлексы, скверный аппетит и угнетённое состояние духа | — Если я, входя в уборную, начну, извините за выражение, мочиться мимо унитаза и то же самое будут делать Зина и Дарья Петровна — в уборной начнётся разруха. Следовательно, разруха не в клозетах, а в головах | — Я не господин. Господа все в Париже

Даль Владимир Иванович (1801—1872) — русский лексикограф, этнограф и писатель, собиратель фольклора, военный врач; автор «Толкового словаря живого великорусского·языка», труда «Пословицы русского народа» и других книг, ставших классикой; похоронен в Москве на Ваганьковском кладбище

Вопросы

▶ 1. Какая коллекция собрана в Кунсткамере? Чем объясняется интерес Петра I к разного рода диковинам и редкостям?

▶ 2. В чём заключается «философия» Кунсткамеры? Чем объясняется актуальность этой философии в наше время?

▶ 3. Что общего между экспериментами Петра I и профессора Преображенского? Что делал Пётр I, чтобы привлечь посетителей в Кунсткамеру?

▶ 4. Чем можно объяснить популярность Кунсткамеры, в том числе и в наше время? Какой терапевтический эффект, по мнению некоторых врачей, оказывает Кунсткамера?

ДОМ Н. В. ГОГОЛЯ*

Мемориальный музей Н. В. Гоголя в Москве

Дом Николая Васильевича Гоголя на Никитском бульваре (дом 7-а) — место глубоко[1] мистическое. Здесь прошли последние четыре года (1848–1852) жизни Николая Васильевича. И, пожалуй[2], в истории русской литературы нет другого такого таинственного хронотопа («времяместа»), как тот, который можно обозначить как «Никитский бульвар, дом 7-а / 26 января — 21 февраля 1852», то есть последние недели, дни, часы и минуты жизни Н. В. Гоголя.

Существует множество версий относительно того, почему Н. В. Гоголь сжёг в ночь с 11 на 12 февраля второй том «Мёртвых душ» в комнате на Никитском и почему он так странно ушёл из жизни через десять дней, в 8 часов утра 21 февраля.

Прежде всего, надо понять, что Дом Н. В. Гоголя — это место не только трагедии писателя, но и его величайшего счастья. Здесь, в двух комнатах на первом этаже, писатель ощутил всю полноту бытия. Взлёт и падение. Экстаз и ужас.

Сюда он приезжает после важнейшего события — посещения Гроба Господня в Иерусалиме* (апрель 1848 года), находясь в состоянии высочайшего духовного[3] подъёма. Здесь он вдохновенно читает актёрам Малого театра* своего «Ревизора»*, который ранее

провалился[4] в Петербурге. Здесь он духовно[3] близок с женщиной, которую считал идеалом, — Екатериной Хомяковой*. И тут же он испытывает страшный творческий кризис, слушает жестокую[5] критику ржевского протоиерея Матвея Константиновского* в адрес второго тома «Мёртвых душ» и впервые воочию видит смерть — всё той же Е. Хомяковой, которая скончалась 26 января 1852 года от тифа[6], да ещё и будучи беременной.

Это был главный «хронотоп» жизни и смерти Н. В. Гоголя, который очень любил Москву и это место в Москве. Говорил, что хотел бы жить и умереть только в двух городах — Риме и Москве. Так оно и вышло.

Вокруг последних дней жизни писателя море тайн, сплетен, версий, предположений, домыслов, мифов[7]. О том, что он сам уморил себя голодом[8]. Что его залечили[9] врачи. Что его «позвал» с того света отец. Что он не смог пережить смерть Е. Хомяковой. Что его «добила[10]» критика Константиновского. Что его по ошибке похоронили живого, находящегося в летаргическом сне. Что он сам отравил себя, приняв медленно действующий ртутный яд[11]. Что он не пережил того, что сжёг рукописи. Что он их, напротив, не сжёг и что они до сих пор где-то спрятаны («Рукописи не горят»*). И т. д. и т. д.

Ни одно из этих утверждений не доказуемо. Тайна останется тайной. Так и должно быть. Время словно бы специально, нарочно замело[12] суетливые[13], бренные[14], материальные следы гоголевской тайны.

И очень показательно и по большому счёту (опять же – мистически) верно, что в мемориальном Музее Н. В. Гоголя на Никитском бульваре главное не «тот самый стул, на котором сидел Гоголь» и не «та самая бритва[15], которой брился Гоголь». Собственно, даже знаменитый камин — не совсем «тот самый камин, в котором Гоголь сжёг второй том». Он значительно изменён временем.

Музей — это не склад раритетов[16]. «Мусейон» по-гречески означает 'философская школа (школа духа, мудрости) с книгохранилищем (библиотекой)'. И здесь, в Доме Н. В. Гоголя, идёт напряжённая духовная[3] жизнь и работает библиотека. Как и должно быть в настоящем, исконном «мусейоне». И поэтому Дом Н. В. Гоголя — это не дом, где жил Гоголь, со стульями, на которых он сидел, а дом, где Н. В. Гоголь жил, живёт и будет жить всегда.

Комментарий

[1] **глубоко** — от **глубокий** — скрытый, недоступный

[2] **пожалуй** — возможно, вероятно, может быть

[3] **духовный** — связанный с внутренним, нравственным миром человека. *Как вы понимаете различие в значении слов «духовный» и «душевный»? Приведите контексты употребления этих слов.*

[4] **провалиться/проваливаться** — *разг.* потерпеть/терпеть полную неудачу. *Как вы понимаете выражение «провалиться на экзамене»?*

[5] **жестокий (о критике)** — крайне суровый и грубый, безжалостный. *В чём различие в значении и употреблении прилагательных «жёсткий» и «жестокий»?*

[6] **тиф** — от *др.-греч.* τῦφος 'туман, спутанное сознание' — острое инфекционное заболевание, характеризующееся лихорадочным состоянием и расстройством сознания

[7] **сплетни, версии, предположения, домыслы, мифы** — *Какими ещё словами можно продолжить этот ряд?*

[8] **уморить/морить (голодом)** — крайне измучить/мучить, изнурить/изнурять, довести/доводить до смерти

[9] **залечить/залечивать** — *разг.* лечением измучить/мучить, уморить/морить, привести/приводить к смерти. *Какие ещё значения этого глагола вы знаете?*

[10] **добить/добивать** — *разг.* довести/доводить до тяжёлого состояния, погубить/губить

[11] **ртутный яд** — растворимый белый порошок ртути, например сулема, применяемый в медицине

[12] **замести/заметать** — полностью покрыть/покрывать, как снегом

[13] **суетливый** — торопливый, беспокойный, тревожный. *Что означает слово «суета»?*

[14] **бренный** — *книж.* легко разрушаемый, тленный, преходящий, смертный

[15] **бритва** — лезвие, нож для бритья, то есть срезания волос

[16] **раритет** — от *лат.* rarus 'редкий' — *книж.* ценная редкая вещь

Гоголь (Яновский) Николай Васильевич (1809−1852) — великий русский писатель, один из создателей художественного реализма. *Какие произведения Н. В. Гоголя вы знаете?*

Гроб Господень в Иерусалиме — главная святыня христианского мира, гробница в скале; эта гробница признана местом, где, согласно Евангелию, Иисус Христос был погребён после распятия и на третий день воскрес; согласно традиции, гробница находилась за городскими стенами на северо-западе от Иерусалима недалеко от Голгофы

Малый театр — один из старейших драматических театров в Москве, сыгравший ключевую роль в развитии русской национальной культуры; его труппа была создана при Московском университете в 1756 году, сразу после указа императрицы Елизаветы, ознаменовавшего рождение профессионального театра в России; единственный театр в стране, актёры которого последовательно соблюдают нормы старомосковского произношения; находится в Театральном проезде, недалеко от станции метро «Театральная»

«Ревизор» — название комедии Н. В. Гоголя (1835), сюжет которой был подсказан писателю А. С. Пушкиным; комедия до сих пор часто ставится во многих российских театрах; в русском языке стали употребляться следующие выражения из «Ревизора»: *Я пригласил вас, господа, с тем, чтобы сообщить вам пренеприятное известие | Нет человека, который бы за собою не имел каких-нибудь грехов. Это уже так самим богом устроено | А, чёрт возьми, славно быть генералом! | Чему смеётесь? — Над собою смеётесь! | Вот, подлинно, если бог хочет наказать, так отнимет прежде разум | Большому кораблю — большое плаванье | По заслугам и честь.*

Екатерина Михайловна Хомякова (1817–1852) — хозяйка одного из известных литературных салонов, в котором собирались в основном славянофилы; Н.В. Гоголь, обычно весьма скрытный, был наиболее откровенным с Е.М. Хомяковой, рассказывал о своих планах на будущее; после смерти Е.М. Хомяковой у писателя возникли мысли о близости собственной кончины, усилились аскетические и мистические настроения, завершившиеся болезнью и смертью

ржевский протоиерей Матвей Константиновский (1791–1857) — священник православной церкви, протоиерей ржевского (от названия города Ржева в Тверской губернии) Успенского собора, проповедник, миссионер, преследователь раскола, духовный наставник Н.В. Гоголя; точный характер наставлений Матвея Константиновского Н.В. Гоголю остался неизвестен, однако очевидно, что писатель находился под большим влиянием протоиерея; многие учёные вполне аргументированно полагают, что ссора Н.В. Гоголя с Матвеем Константиновским послужила основной причиной депрессивного настроения писателя и в конечном счёте его смерти

Вопросы

▶ 1. В чём заключается «мистицизм» Дома Н.В. Гоголя? Знаете ли вы другие «таинственные места» Москвы? Где в Москве находится Никитский бульвар? Какие ещё московские бульвары вы знаете?

▶ 2. Кто из российских учёных ввёл в науку термин «хронотоп»? Как бы вы объяснили это понятие?

▶ 3. Что вы знаете о творчестве Н.В. Гоголя? Каковы основные версии причины, по которой писатель сжёг второй том «Мёртвых душ»? Какие существуют легенды относительно последних дней жизни писателя?

▶ 4. Почему Дом Н.В. Гоголя — это больше, чем просто музей?

ЖАЖДА СОБЕСЕДНИКА

К огда произносят имя физиолога А.А. Ухтомского, то сразу «выстреливает[1]» слово, ставшее символом, эмблемой его наследия. Это слово — «доминанта». Он сделал очень много другого, но доминантой его жизни была всё-таки «доминанта».

Что это такое? Можно сказать, что это некий главный набор рефлексов психики человека. Можно дать множество научных определений доминанте, если же выразиться ненаучно, то доминанта есть не что иное, как человеческая сущность. Ядро души[2]. Стержень духа[2]. Смысл жизни человека.

Учёный сравнивал доминанту с законом тяготения*. Всё на Земле подчинено закону тяготения, а любой человек зависит от своей доминанты.

А.А. Ухтомский принадлежал к поразительной плеяде[3] русских учёных конца XIX — начала XX века. Эти люди (Вернадский*, Фёдоров*, Рерих*, Бехтерев*, Флоренский*, Чижевский*), будучи одновременно и «строгими» учёными, часто естественниками, и глубоко[4] религиозными гуманитариями, в буквальном смысле смогли «поверить алгеброй гармонию»*. И гармонией — алгебру. Иначе говоря, синтезировали «физику» и «лирику»*, естественно-точное знание и знание гуманитарное, науку и религию.

Можно сказать, что они подвели итог более чем двухтысячелетней истории человечества, начиная со знаменитого «осевого времени»* (примерно VIII—II века до н. э.), и подготовили почву[5] для перехода в некое новое осевое время, на пороге[6] которого мы стоим.

Что сделал физиолог Алексей Алексеевич Ухтомский, уроженец рыбинского* села Веслома*, потомок Рюрика* и старообрядцев*, советский учёный и монах в миру*, богослов и физиолог?

В сущности[7], он по-своему, очень оригинально и плодотворно[8] научно обосновал наличие души и дал «инструкцию», как ею «пользоваться».

Древние греки, китайцы, египтяне, евреи, индусы тысячелетиями нащупывали[9] душу через слова «даймон», «псюхэ», «ка», «роах», «жэнь», «дао», «карма», «дхарма», «артха»* и др.

А. А. Ухтомский, подводя итоги тысячелетних дискуссий, говорит примерно следующее: душа не просто есть, она управляема самим человеком. По-настоящему душа живёт только тогда, когда она направлена вовне[10], когда она переключается на жизнь другого человека. Примерно как по Станиславскому* (их идеи очень созвучны): надо вживаться в роль, иначе — «не верю!»*. А. А. Ухтомский называет это «жаждой[11] собеседника». Если ты — «вещь в себе»*, то становишься простым «двойником» (вспомним Ф. М. Достоевского), то есть о других «приземлённо судишь по себе». Если же ты «открыт душой», то ты получаешь «заслуженного собеседника». Всё это — цитаты из А. А. Ухтомского.

Человек поворачивается к себе той стороной, которую заслужил.

Если же ты потеряешь свою доминанту, то потеряешь себя. А. А. Ухтомский про таких говорил, что они — как персонаж русского фольклора предатель Гришка Кутерьма*.

Давайте согласимся с тем, что мы живём во время страшной душевной кутерьмы[12]. И в эпоху замкнутых «двойников» (так называемых индивидуализма, прагматизма и меркантилизма). Строго научная проповедь А. А. Ухтомского звучит в наши дни более чем актуально. Тем более, что это — рецепт, руководство к действию, а не просто научная теория. Сам учёный доказывал её верность каждым моментом своей жизни: и когда читал лекции по физиологии своим сокамерникам[13] в подвалах Лубянки*, и когда перед самой смертью в блокадном Ленинграде*, уже безнадёжно больной, писал одну из лучших своих статей.

Алексей Алексеевич, умирая, сам затушил огарок[14] свечи и положил на грудь Псалтирь*, открытую на «За упокой»*. Подвижник[15] А. А. Ухтомский довёл свою доминанту до логического конца и передал её нам.

Комментарий

[1] **выстрелить/выстреливать** — *разг., окказ.* очень быстро и внезапно возникнуть/возникать. *Какое у этого глагола прямое значение?*

[2] **душа, дух** — *Как вы понимаете различие в значении этих слов?*

[3] **плеяда** — *книж.* группа выдающихся деятелей в какой-л. области в определённую эпоху

[4] **глубоко (религиозный)** — от **глубокий** — *книж.* очень сильный, целиком проникнутый

[5] **подготовить/подготавливать почву** — создать/создавать необходимые условия, предпосылки, основу для чего-л.

[6] **стоять на пороге** — находиться перед началом приближающегося события, которое неизбежно произойдёт в ближайшем будущем

[7] **в сущности** — на самом деле, говоря по существу

[8] **плодотворно** — благоприятно, полезно для развития чего-л., с хорошими результатами

[9] **нащупать/нащупывать** — установить/устанавливать что-л., прийти/приходить к какому-л. выводу в резуль-

тате наблюдений, изучения и т. д. *Знаете ли вы прямое значение этого глагола?*

[10] **вовне** — за пределы, границу чего-л. *Какие ант. этого слова вы знаете?*

[11] **жажда** — *книж.* необыкновенно сильное, страстное желание. *Какое у этого слова прямое значение? Как вы понимаете метафору «жажда собеседника»?*

[12] **кутерьма** — *разг.* беспорядок, суматоха, неразбериха

[13] **сокамерник** — человек, который содержится или содержался вместе с кем-л. в одной тюремной камере. *Какие ещё есть слова с приставкой со- в этом же значении?*

[14] **огарок** — остаток недогоревшей свечи

[15] **подвижник** — тот, кто из религиозных убеждений подвергает себя лишениям; лицо, в своих поступках и занятиях проявляющее героизм, самоотверженность. *Как этимология этого слова связана с его значением? Какие однокоренные слова вы знаете?*

Ухтомский Алексей Алексеевич (1875–1942) — один из самых выдающихся русских мыслителей XX века, физиолог, создатель учения о доминанте; Дом-музей академика А. А. Ухтомского находится в г. Рыбинске Ярославской *обл.*

закон тяготения — закон всемирного тяготения Ньютона (1666), согласно которому все материальные тела притягивают друг друга, при этом сила притяжения зависит не от физических или химических свойств тел, а только от веса тел и расстояния между ними

Вернадский Владимир Иванович (1863–1945) — знаменитый российский мыслитель и естествоиспытатель; см. также текст на с. 14

Фёдоров Николай Фёдорович (1829–1903) — русский религиозный мыслитель и философ-футуролог, один из основателей космизма; см. также комментарий на с. 30

Рерих Николай Константинович (1874—1947) — русский художник, философ-мистик, писатель, путешественник, археолог, общественный деятель. Известны следующие афоризмы Н. К. Рериха: *Протяните руку над бездною. Нет страха над бездною, ибо духу страшнее комната и ковёр* | *Спросят: как перейти жизнь? Отвечайте: как по струне бездну — красиво, бережно и стремительно* | *Болезни духа заразны так же, как и тела* | *Грамотный буквою может действовать лишь на поверхности земли, — грамотный духом может действовать вне границ.*

Бехтерев Владимир Михайлович (1857—1927) — выдающийся русский невропатолог, физиолог, психолог, основоположник рефлексологии и патопсихологического направления в России. Известны следующие афоризмы В. М. Бехтерева: *Если больному после разговора с врачом не стало легче, то это не врач* | *Всякий знает, какое магическое оздоровляющее действие может приобрести одно утешительное слово со стороны врача и, наоборот, как иногда убийственно... действует на больного суровый холодный приговор врача.*

Флоренский Павел Александрович (1882—1937) — русский философ, богослов, искусствовед, математик и физик; оказал существенное влияние на творчество М. А. Булгакова, особенно заметное в романе «Мастер и Маргарита». Известны следующие высказывания П. А. Флоренского: *Вся природа одушевлена, вся жива, в целом и частях* | *Ничего нельзя закрепить, утвердить окончательно* | *Определить — это значит дать понятие* | *Понимать чужую душу — это значит перевоплощаться* | *Имена выражают природу вещей* | *Человек без имени не человек, ему не хватает самого существенного* | *Человек есть бесконечность* | *Чтобы понять Россию, надо понять Лавру. Около Лавры, не в смысле стен, конечно, а в смысле* *средоточия культурной жизни, выкристаллизовывается культурное строительство русского народа.*

Чижевский Александр Леонидович (1897—1964) — учёный, биофизик, философ, поэт, художник; окончил Московский археологический институт, защитил диссертацию на тему «Русская лирика XVIII века», затем — диссертацию «Эволюция физико-математических наук в древнем мире» на степень магистра всеобщей истории; после этого получил степень доктора всеобщей истории за «Исследование периодичности всемирно-исторического процесса»; А. Л. Чижевский предположил, что циклы солнечной активности проявляют себя в биосфере, изменяя все жизненные процессы, начиная от урожайности и кончая заболеваемостью и психической настроенностью человечества. Известны следующие высказывания А. Л. Чижевского: *Поэзия есть постигнутая истина, а нет религии — выше истины | Кто отрицает влияние звёзд, тот отрицает мудрость и противоречит самому явному опыту | Сделать человека человеком — вот всепоглощающая цель искусства | Мрак разума ужасней мрака мира | Великая Октябрьская революция была результатом «помрачнения» мозгов миллионов людей, вызванного вспышкой на Солнце.*

«поверить алгеброй гармонию» — аллюзия на трагедию А. С. Пушкина «Моцарт и Сальери» (1830): *[Сальери] Ремесло / Поставил я подножием искусству: / Я сделался ремесленник: перстам / Придал послушную, сухую беглость / И верность уху. Звуки умертвив, / Музыку я разъял, как труп. Поверил / Я алгеброй гармонию. Тогда / Уже дерзнул, в науке искушённый, / Предаться неге творческой мечты.* Фраза часто употребляется иронически — о безнадёжной попытке судить о художественном творчестве, основываясь только на рациональном начале, исключая чувства, бессознательное и т. д.

«физика» и «лирика» — аллюзия на известную дискуссию между «физиками» и «лириками», которая началась в 1959 году со спора между писателем И. Г. Эренбургом и учёным И. А. Полетаевым; И. Г. Эренбург осудил «чёрствого» инженера, интересующегося только техническими достижениями, но не культурой; И. А. Полетаев в своём ответе писал: *«Мы живём творчеством разума, а не чувства, поэзией идей, теорией экспериментов, строительства. Это наша эпоха. Она требует всего человека без остатка <...>».*

«осевое время» — философский термин, введённый К. Ясперсом (1883–1969) для обозначения периода в истории человечества 800–200 годов до н. э., во время которого на смену мифологическому мировоззрению пришло рациональное, философское, сформировавшее тип человека, который существует и сейчас

рыбинское село Веслома — село, расположенное на Рыбинском водохранилище в Ярославской области

Рюрик (?–879) — согласно легенде, князь варягов, который был призван княжить, править, в Новгороде; основатель царской династии Рюриковичей, правившей Россией до конца XVI века

старообрядцы (раскольники) — противники церковных реформ патриарха Никона; жестоко преследовались царским правительством, уходили на Север и в Сибирь, где и до сегодняшнего дня существуют старообрядческие деревни; старообрядчество, лишённое единой организации, быстро разделилось на множество сект и в настоящее время не играет серьёзной роли в религиозной жизни России; см. также текст на с. 126

монах в миру — явление, когда человек, будучи монахом, живёт в миру, то есть не в монастыре

«даймон», «псюхэ», «ка», «роах», «жэнь», «дао», «карма», «дхарма», «артха» — термины древнегреческой, древнеиндийской, древнеегипетской, древнеарабской, древнекитайской философии

Станиславский (Алексеев) Константин Сергеевич (1863–1938) — русский театральный режиссёр, актёр и педагог, реформатор театра; создатель знаменитой системы, целью которой является достижение путём полного погружения в создаваемый образ психологической достоверности актёрской игры; в 1898 году вместе с В. И. Немировичем-Данченко основал Московский Художественный театр (МХТ). Известны следующие афоризмы К. С. Станиславского: *Жить — это значит действовать | Учитесь слушать, понимать и любить жестокую правду о себе | Актёр должен научиться трудное сделать привычным, привычное лёгким и лёгкое прекрасным | Мысль, прежде чем стать мыслью, была чувством | Не всякая правда — красота, но всякая красота — правда | Подлинное искусство всех народов и веков понятно всему человечеству | Понимать — значит чувствовать | Сначала убедись, а потом уж убеждай | Умейте любить искусство в себе, а не себя в искусстве.*

«Не верю!» — фраза К. С. Станиславского, ставшая известной в мире кино, театра и в бытовой сфере; режиссёр употреблял её, когда хотел показать неестественность актёрской игры или излишнюю патетику. *В какой ситуации вы бы употребили фразу: «Станиславский сказал бы: не верю!»?*

«вещь в себе» — философский термин, означающий умопостигаемые объекты в отличие от чувственно познаваемых; вещь как таковая, вне зависимости от нашего восприятия; одна из основных категорий философии И. Канта (1724–1804)

Гришка Кутерьма — герой оперы Н. А. Римского-Корсакова «Сказание о невидимом граде Китеже и деве Февронии» (1907), олицетворяющий собой морально сломленного, раздавленного нищетой человека

подвалы Лубянки — внутренняя тюрьма здания НКВД (Народного комиссариата внутренних дел), располагавшаяся в доме № 2 на Лубянской площади в Москве

блокадный Ленинград — военная блокада Ленинграда фашистскими войсками, которая длилась с 8 сентября 1941 года по 27 января 1944 года

Псалтирь — книга Ветхого Завета, состоящая из псалмов — песней, или гимнов, излагающих излияния восторженного сердца верующего при разных жизненных испытаниях

«За упокой» — поминальная молитва за успокоение души умершего

Вопросы

▶ 1. Как вы поняли, что такое «доминанта»? С чем А. А. Ухтомский сравнивал доминанту? Когда, по А. А. Ухтомскому, душа живёт по-настоящему?

▶ 2. Что объединяет многих русских учёных конца XIX — начала XX века? Что вы о них знаете? Как вы понимаете, что такое «энциклопедическое образование»?

▶ 3. Что такое «осевое время»? Почему можно считать, что сейчас мы стоим на пороге нового осевого времени?

▶ 4. Расскажите, где находится Мемориальный дом-музей академика А. А. Ухтомского. Что можно посмотреть в этом музее?

ПЕРЕПЛЕТЕНИЕ НЕСОЕДИНИМОГО

Музей–квартира А.М. Горького* в Москве

Знаменитый дом Рябушинского на Малой Никитской (6/2), может быть, самый уникальный и парадоксальный дом Москвы. В нём соединилось, казалось бы, несоединимое. Можно сказать, что это «дом-оксюморон*».

В начале XX века Малая Никитская была довольно скучной, хотя и богатой купеческой улицей. Куры, самовары, ситцевые занавески, герань, зевающие матроны...* Воплощение всего традиционно-консервативного и старомодного[1].

В 1901–1902 годах на этой старозаветной[2] улице самый «модерновый», как сейчас сказали бы, архитектор Фёдор Шехтель* строит странно-гениальный дом в Москве. Какие-то йрисы[3], бабочки, перила в форме морской волны, мозаика пола, имитирующая водную рябь[4], светильник-медуза[5], змеи, свисающие с потолка…

Дом в стиле модерн строится для «олигарха» Степана Павловича Рябушинского*, уникального человека: с одной стороны, передового[6] банкира и предпринимателя, с другой — тайного набожного[7] старообрядца* и коллекционера икон. Здесь, в доме 6/2, где решались вопросы финансовых потоков, тогдашнего российского автопрома и др., располагалась тайная молельня[8] и богатейшая коллекция древних икон.

После Октябрьской революции Рябушинский эмигрирует в Италию, Шехтель умирает в коммунальной нищете*, а в этот «коммерческо-старообрядческий* модерн» на Малой Никитской врывается новая стихия. Сначала тут располагается Наркомат* иностранных дел, потом — Государственное издательство, далее — психоаналитический институт, наконец — дети (детский сад Совета народных комиссаров*).

А в 1931 году здесь селится приехавший из Италии Максим Горький*, «буревестник революции»*. Вернее — его определяют сюда партия и правительство*. Упорно ходили слухи[9], что А. М. Горького «разместят»[10] в храме Христа Спасителя*, но храм взрывают в том же 1931 году. Сам А. М. Горький ещё из Италии гневно[11] писал:

«Вопрос о вселении моём во дворец не решать до моего приезда!»

В доме на Малой Никитской Алексей Максимович заводит свои порядки. Живёт на первом этаже, потому что подниматься по лестнице ему трудно (больной туберкулёзом, он выкуривал более семидесяти папирос в день). Обстановка его кабинета, простая, рабочая, почти полностью воспроизводит его кабинеты в Крыму и в Сорренто*. Горький много работает. Здесь он пишет одну из самых «непрочитанных»[12] ещё книг — «Жизнь Клима Самгина»*, историю русской интеллигенции и революции.

Здесь бывали Р. Роллан*, М. А. Шолохов*, Б. Шоу*, Л. Н. Толстой* и ещё сотни известнейших людей России и мира — писатели, учёные, музыканты.

И здесь же Сталин даёт своё знаменитое определение писателям, назвав их «инженерами человеческих душ»*.

А. М. Горький умер 18 июня 1936 года, в день солнечного затмения[13].

Внучки А. М. Горького будут жить здесь до тех пор, пока в 1965-м не откроется мемориальный Музей-квартира писателя. Музей одного человека и вместе с тем — музей купечества, модерна, иконописи, старообрядчества*, капитализма, большевизма*, русской классической литературы, социалистического реализма... Музей трагической, удивительной страны — России.

Комментарий

[1] **посконно-старомодный** — *ирон.* простой, связанный с патриархальным крестьянским укладом. *Как образовано это слово?*

[2] **старозаветный** — придерживающийся старых взглядов, правил, живущий по старым обычаям

[3] **ирис** — цветок, похожий на орхидею, обычно голубого цвета

[4] **рябь** — лёгкое колебание водной поверхности. *Как вы понимаете сочетание «рябит в глазах»?*

⁵ **медуза** — морское животное с прозрачным студенистым телом и с щупальцами

⁶ **передовой** — придерживающийся современных взглядов

⁷ **набожный** — верующий, тщательно исполняющий все религиозные обряды

⁸ **молельня** — помещение для несения религиозной службы. *Как образовано это слово?*

⁹ **слухи** — разговоры, сплетни, молва, кривотолки, версии, наветы. *В чём различие в значении этих слов? С какими глаголами они могут употребляться?*

¹⁰ **разместить** — пристроить, найти место. *Почему это слово в тексте даётся в кавычках?*

¹¹ **гневно** — от **гневный** — испытывающий крайнюю степень раздражения, очень сильно рассерженный

¹² **непрочитанный** — *Почему это слово в тексте даётся в кавычках?*

¹³ **затмение** — астрономическое явление, при котором одно небесное тело заслоняет свет от другого небесного тела. *Какие народные приметы связаны с солнечным или лунным затмением?*

Горький (Пешков) Алексей Максимович (1868—1936) — один из самых известных в мире русских писателей и драматургов; пять раз номинировался на Нобелевскую премию по литературе; основной пафос произведений А. М. Горького — мечта о «новых людях», бесстрашных и свободных, способных добиться невозможного. *Какие произведения А. М. Горького вы знаете? Какие топонимы Москвы связаны с именем писателя?*

оксюморон — *терм.* от *др.-греч.* ὀξύς 'острый' + μωρός 'глупый' — стилистическая фигура, основанная на сочетании противоположных по смыслу слов. *Какие примеры оксюморона вы знаете?*

куры, самовары, ситцевые занавески, герань, зевающие матроны... — детали купеческого или мещанского образа жизни. *Как бы вы продолжили этот ряд слов? Существует ли в вашей стране такое явление, как мещанство? Какое к нему отношение?*

Шехтель Фёдор Осипович (1859—1926) — знаменитый русский архитектор, представитель стиля модерн; кроме Дома Рябушинского, Ф. О. Шехтелем в Москве были созданы Ярославский вокзал, особняк З. Г. Морозовой, здания Исторического музея, Московского Художественного театра, во многом определяющие облик столицы

Рябушинский Степан Павлович (1874—1942) — русский предприниматель, банкир, коллекционер, меценат; основал один из первых автомобильных заводов в России

старообрядцы (раскольники) — противники церковных реформ патриарха Никона; см. также текст на с. 126 и комментарий на с. 130—131

коммунальная нищета — крайне бедное существование в коммунальных квартирах, коммуналках, то есть квартирах, в которых проживало несколько семей; см. также текст на с. 208. *Есть ли сейчас в России коммуналки? В каких городах их больше всего? В каких российских фильмах и произведениях художественной литературы коммуналка занимает центральное место?*

наркомат — Народный комиссариат — в 1917—1946 годах центральный орган исполнительной власти в РСФСР и СССР, аналог министерства

Совет народных комиссаров — название правительства Советской России в 1917—1946 годах

«буревестник революции» — выражение, получившее широкую известность благодаря «Песне о Буревестнике» А. М. Горького (1901), после которой буревестник становится символом революции; в современном русском языке может иронически употребляться по отношению к лидеру оппозиции, возмутителю спокойствия и т. п.

партия и правительство — один из штампов советской эпохи и её мифологии, олицетворявший верховную власть

Храм Христа Спасителя (был построен в 1883 году, строительство велось 44 года) — название собора, расположенного в Москве на ул. Волхонка; первоначально храм планировали построить на Воробьёвых горах — примерно там, где сейчас находится Главное здание МГУ, но потом решили переместить строительство в центр города; в 1931 году здание было разрушено в результате сталинской реконструкции Москвы, площадку хотели отдать под строительство Дворца Советов, но в итоге на этом месте был создан бассейн «Москва»; храм заново отстроили в 1994—1997 годах

Сорренто — небольшой город в Италии, недалеко от Неаполя; А. М. Горький жил и работал в Сорренто с 1924 по 1928 год

Роллан Ромен (1866—1944) — французский писатель, учёный-музыковед, лауреат Нобелевской премии по литературе; с 1920-х годов общался с А. М. Горьким, приезжал по приглашению в Москву, где встречался со Сталиным

Шолохов Михаил Александрович (1905—1984) — русский писатель, лауреат Нобелевской премии по литературе, которую получил за роман «Тихий Дон» (1925)

Шоу Бернард (1856—1950) — выдающийся ирландский писатель, лауреат Нобелевской премии в области литературы; второй по популярности драматург в английском театре. *Какие пьесы Б. Шоу вам известны?*

Толстой Лев Николаевич (1828—1910) — один из наиболее известных в мире русских писателей-мыслителей. *Какие произведения Л. Н. Толстого вы знаете?*

«инженеры человеческих душ» — фраза, приписываемая писателю Юрию Олеше, ставшая крылатой благодаря Сталину, который произнёс её на встрече с писателями 26 октября 1932 года в доме А. М. Горького на Малой Никитской

большевизм — от **большевики** — радикальное крыло социал-демократической партии России, возглавляемое Лениным, создавшим его идеологические основы

Вопросы

1. Как вы себе представляете купеческую Москву конца XIX — начала XX века? Что означает слово «патриархальный»? Почему дом архитектора Шехтеля не соответствовал такому образу Москвы? Кто из знаменитых писателей был в этом доме? Есть ли в вашей стране похожие дома?

2. Какие произведения А. М. Горького вы знаете? Ставятся ли в вашей стране пьесы А. М. Горького? Какую известную книгу написал А. М. Горький, проживая в доме архитектора Шехтеля? Какой образ жизни вёл писатель?

3. Как сложилась дальнейшая судьба дома архитектора Шехтеля?

4. Почему Музей-квартиру А. М. Горького можно назвать музеем всей России?

ПУШКИНСКИЙ ДОМ

контроль

Литературный музей Института русской литературы РАН

Пушкинскому дому уже больше ста лет, но можно с уверенностью сказать, что Пушкинский дом — это музей в исконном[1], изначальном понимании этого слова и вместе с тем музей будущего.

Музей по-гречески значит 'принадлежащий музам', 'храм муз' («мусеос»), а также 'философская школа с книгохранилищем' («мусейон»). Изначально в музее обитали[2] все музы, все искусства.

Кроме того, музей был и учебным, и научным заведением, и библиотекой, и храмом[3]. Пушкинский дом, без всякого преувеличения, — один из самых «синтетических»*, самых «синкретических»* музеев мира.

Интересно, что основан он был в ту эпоху, когда люди науки, литературы и искусства напряжённо искали то, что они называли «новым синтезом», «всеединством». Это было время «конца века» и время предчувствия надвигающихся глобальных перемен.

Основанный в 1905 году, Пушкинский дом стал мощно[4] и органично развиваться в первые десятилетия XX века. Особенно интенсивно — после революции, став настоящим всеединством науки, литературы и искусства.

Началось с пушкинской библиотеки, а далее пришло естественное и единственно верное понимание: где библиотека, там и архивы, рукописи. Где рукописи, там и история, документы эпохи,

предметы быта. Где Пушкин, там и его современники. Где современники, там и потомки... Пушкинский дом — это «всё во всём»*, некое Дао* Культуры.

Пушкинский дом — это бесконечно расширяющаяся вселенная и одновременно — неразрывное, органичное целое. Потому что всё, что здесь хранится, изучается и экспонируется, в конечном счёте связано со Словом. Будь то[5], скажем[6], выставка акварелей пушкинской эпохи или знаменитые сапоги, которые собственноручно сшил Л. Н. Толстой*, портрет Н. И. Гнедича* или скамеечка[7] А. П. Керн*. Изъясняясь[8] языком психологии, Пушкинский дом — это некий гештальт*, где все детали подчинены общему, а частности — основной идее.

Система работы музея подобна системе классического образования, в котором главный предмет — языки, а все остальные предметы вращаются вокруг Логоса*, как планеты вокруг Солнца.

Немецкий философ Мартин Хайдеггер* очень точно сказал: «Язык — дом бытия»*. Именно такова и философия Пушкинского дома. Это прежде всего литературный музей, музей Слова, словесности. Это Дом языка, а значит — Дом бытия.

Музей имеет стратегическое значение для развития России. Особенно сейчас, в смутную[9] эпоху, когда, казалось бы, литература, словесность, язык отходят на периферию и люди всё меньше читают классическую литературу. Многие вообще говорят о конце русского литературоцентризма и логоцентризма. А значит и в целом — культуроцентризма.

Это не так. Слово всегда было, есть и будет центром мироздания, Домом бытия. И Пушкинский дом — наглядное тому подтверждение[10].

Комментарий

[1] **исконный** — *книж.* существующий с самого начала, коренной
[2] **обитать** — жить, пребывать, населять

[3]**храм** — здание для богослужения. *В чём различие в значении слов «храм» и «церковь»?*

[4]**мощно** — от мощный — очень быстрый, стремительный. *Какие ещё значения есть у этого слова?*

[5]**будь то** — союз, употребляемый при присоединении к обобщающему слову ряда однородных членов предложения

[6]**скажем** — *разг.* например, для примера, к примеру

[7]**скамеечка** — от скамейка. *В чём различие в значении слов «скамья/скамейка/скамеечка» и «лавка/лавочка»?*

[8]**изъясняясь** — от изъясняться — *книж., устар.* объяснять, растолковывать, говорить

[9]**смутный** — неспокойный, неясный, беспорядочный

[10]**наглядное тому подтверждение** — бесспорный аргумент

синтетический — *терм.* обобщённый, объединяющий; целью синтетической философии является создание всеобъемлющего синтеза, построение системы, объясняющей всю совокупность человеческого опыта

синкретический — *терм.* слитный, нерасчленённый в своём исходном, первоначальном состоянии

«всё во всём» — основной принцип синкретизма, согласно которому божественное бытие пронизывает все вещи, тем самым и любая вещь присутствует в любой другой вещи

Дао — от *кит.* 道 'путь' — *терм.* одна из важнейших и многозначных категорий китайской философии; это и основа всего сущего, и всеобщий закон, и путь познания

Толстой Лев Николаевич (1828—1910) — один из наиболее известных в мире русских писателей-мыслителей; был сторонником естественного человека, живущего в тесном единстве с природным миром, считал, что любое излишество, придуманное цивилизацией, вредно; автор теории «трудовой жизни»

Гнедич Николай Иванович (1784—1833) — русский поэт, известный как переводчик «Илиады» Гомера

Керн Анна Петровна (1800–1879) — русская дворянка, известная важной ролью, которую она сыграла в жизни А.С. Пушкина. *Какое знаменитое стихотворение посвятил ей А.С. Пушкин?*

гештальт — *терм.* структура, единица сознания; совокупность таких единиц образует несводимое к сумме своих частей целое

логос — от *др.-греч.* λόγος 'слово', 'мысль', 'смысл', 'понятие', 'намерение' — *терм.* духовное первоначало, мировой разум, абсолютная божественная идея

Хайдеггер Мартин (1889–1976) — немецкий философ-экзистенциалист, создал учение о Бытии как основополагающей стихии мироздания

«Язык — дом бытия» — фраза М. Хайдеггера из его ключевой работы «Бытие и время» (1927)

Вопросы

▶ 1. Какова этимология слова «музей»? Как эта этимология отражается в назначении Пушкинского дома? Где находится Пушкинский дом? Что вы узнали об истории его создания? Как назначение Пушкинского дома связано с идеей всеединства?

▶ 2. Какие экспонаты можно увидеть в Пушкинском доме?

▶ 3. Почему Пушкинский дом можно назвать «Домом бытия»?

▶ 4. Какое значение имеет Пушкинский дом для развития современной России? Чем объясняется значимость этого музея?

СЕЛО КОНСТАНТИНОВО

контроль

Государственный музей– заповедник Сергея Есенина

Знаменитое село Константиново*, родина Сергея Есенина. Чтобы вы оценили всю его культурологическую ценность, скажем[1], что село старше Санкт-Петербурга и, к примеру, Бангкока*.

Селу Константиново почти четыреста лет.

Эти места под Рязанью* вообще очень древние. Попробуйте-ка[2] изучить историю местных топонимов — головокружительная[3] арха-

ика[4]! К примеру, ключевая местная водная артерия[5] — река Ока*. Её название явно[6] восходит к самой-самой далёкой праиндоевропейской эпохе*.

Центральная Россия — удивительное место. Тут шквал[7] мистического в, казалось бы, столь привычных и обыденных названиях и именах. Где древность, там и мистика. Всё закономерно и логично.

И люди, которые здесь родились, неизбежно[8] мистичны.

Фамилия Есенин происходит от старославянского «есень», то есть по-русски «осень».

Есенин — это человек осени, осенний человек. И родился Сергей Есенин золотой осенью, 21 сентября (3 октября), в самое любимое всеми, начиная с А. С. Пушкина*, время поэтов, в «болдинское время»*. А этимологически «осень» — время жатвы[9]. Для поэтов — творческой жатвы[9].

Константиново прекрасно в любое время года, но, наверное, для тех, кто по-настоящему любит С. Есенина и хочет проникнуться[10] всем обаянием[11] села Константиново, лучше приехать сюда в конце сентября — начале октября, когда феерия[12] природы становится совершенно невероятной.

Каждый год в музей Сергея Есенина приходит в среднем 150 тысяч посетителей, и никто не остаётся равнодушным. Даже те, кто в принципе[13] не любит музеев. А такой психотип существует: достаточно вспомнить Александра Блока*, который говорил, что музей — это кладбище.

Бог с ними, с музеефобами[14]. Любой, даже скучающий в музее человек, не останется безразличным к природе Рязанского края. Эта природа лечит, окрыляет[15], отрезвляет[16].

А те, кто знает поэзию Сергея Есенина и любит «музейную пыль»[17] (которой, к слову, здесь нет), увидит в селе Константиново очень много интересного. Поражаешься, насколько поэт не упускал ни одной детали, превращая её в художественный шедевр.

Это и «старомодный ветхий шушун»* матери. И цилиндр, и трость из «Чёрного человека»*. И накидка Анны Снегиной (Лидии Кашиной)*. Здесь же для ценителей биографии поэта — грифельная доска[18], на которой выводил[19] свои первые буквы первоклассник Серёжа Есенин. И лебяжья накидка Айседоры Дункан*, ставшей лебединой песней* поэта.

Тут же — посмертная маска Есенина — выдающегося человека русской поэтической осени и великой творческой жатвы.

Комментарий

[1] **скажем** — например, для примера, к примеру

[2] **-ка** — *Какой нюанс вносит употребление частицы -ка с глаголом в повелительном наклонении? Какие ещё случаи употребления -ка вы знаете?*

[3] **головокружительный** — очень большой, разнообразный, чрезвычайный

[4] **архаика** — что-то старое, древнее

[5] **водная артерия** — судоходная река, являющаяся путём сообщения, торговли

[6] **явно** — очевидно, ясно, однозначно

[7] **шквал** — очень большое количество чего-л. *Какое прямое значение этого слова вы знаете?*

[8] **неизбежно** — непременно, обязательно, неминуемо, неотвратимо. *Как образовано это слово?*

[9] **жатва** — время сбора урожая (обычно июль — август); от **жать** — среза́ть под корень. *Как вы понимаете перен. значение этого слова в сочетании «творческая жатва»?*

[10] **проникнуться/проникаться** — *книж.* глубоко понять/понимать, осознать/осознавать, пережить/переживать

[11] **обаяние** — *книж.* притягательная сила, очарование, покоряющее влияние. *Какого человека можно назвать «обаятельным»?*

[12] **феерия** — *книж.* волшебное, сказочное зрелище. *Как вы понимаете метафору «феерия природы»?*

[13] **в принципе** — вообще, во всех отношениях, в целом; в современном русском разговорном языке часто используется как слово-паразит

[14] **музеефоб** — *окказ.* от *др.-греч.* φόβος 'страх, боязнь'. *Как вы понимаете слова «ксенофоб», «русофоб», «славянофоб»?*

[15] **окрылить/окрылять** — *книж.* привести/приводить в состояние душевного подъёма, воодушевить/воодушевлять. *Как внутренняя форма этого слова связана с его значением?*

[16] **отрезвить/отрезвлять** — возвратить/возвращать к действительности, к реальному пониманию окружающего

[17] **музейная пыль** — *Как вы понимаете значение этого устойчивого выражения?*

[18] **грифельная доска** — письменная принадлежность в виде пластины, на которой раньше учились писать специальной палочкой — грифелем

[19] **вывести/выводить** — *разг.* старательно писать, рисовать. *Какие ещё значения глагола «вывести/выводить» вы знаете?*

Константиново — село, расположенное в 43 км к северо-западу от Рязани, родина поэта Сергея Есенина (1895–1925); названо по имени легендарного воина Костака

Рязань — древний русский город, основанный в 1095 году; находится в 180 км к югу от Москвы; интересны, например, следующие топонимы Рязанской области: Пупкино — деревня, названная по имени первого переселенца, которого звали Попка; Самодуровка; Алешня — река с заболоченной поймой, заросшей ольхой; Виленка — населённый пункт, расположенный по обеим сторонам ручья Виленка — от вилять — 'делать крутые повороты, извиваться'; Болонь — название посёлка от болонь — 'топкое место', 'низина, заливаемая водой', 'плоская влажная пойма реки', 'край поля у воды'; Бутырки — название деревни от старинного географического термина бутырки — 'отдельное от общего поселения жильё, дом на отшибе'; Бортники — название деревни, указывающее на то, что её жители в прошлом занимались бортничеством, то есть сбором мёда диких пчёл (с этим же занятием связаны названия сёл Добрый Сот, Добрые Пчёлы); Истобники — название села от истобник — 'должностное лицо, придворный или дворовый человек, следящий за чистотой помещений, а также выполняющий определённые обязанности по управлению хозяйством'; Бочкари — название деревни, указывающее на то, что её жители занимались изготовлением бочек; Сапожок — название посёлка от сапожок — 'участок пашни или луга, вдающийся в лес; клин леса в лугах'

Бангкок — столица Таиланда, основанная в 1782 году

Ока — река в европейской части России, приток Волги; протекает по Орловской, Тульской, Калужской, Московской, Рязанской, Владимирской и Нижегородской областям

праиндоевропейская эпоха — эпоха праиндоевропейского языка, общего предка всех индоевропейских языков, существовавшая около 6000 лет назад

Пушкин Александр Сергеевич (1799—1837) — русский поэт, драматург, писатель, заложивший основы реалистического направления в литературе, один из основоположников современного русского литературного языка. *Какие произведения А. С. Пушкина вы знаете, какие из них читали?*

болдинское время — Болдинская осень — наиболее продуктивная творческая пора (1830) в жизни А. С. Пушкина, когда поэт находился в селе Болдино Нижегородской области, принадлежавшему дворянскому роду Пушкиных

Блок Александр Александрович (1880—1921) — русский поэт, один из крупнейших представителей символизма. *Какие стихотворения А. Блока вы знаете?*

«старомодный ветхий шушун» — аллюзия на стихотворение С. Есенина «Письмо матери» (1924): *Так забудь же про свою тревогу, / Не грусти так шибко обо мне. / Не ходи так часто на дорогу / В старомодном ветхом шушуне;* шушун — *обл.* название женской верхней одежды, в основном короткой (вроде кофты, телогрейки) или длинной (вроде рубахи, сарафана)

цилиндр, трость из «Чёрного человека» — аллюзия на стихотворение С. Есенина «Чёрный человек» (1925): *Я взбешён, разъярён, / И летит моя трость / Прямо к морде его, / В переносицу... // Месяц умер, / Синеет в окошко рассвет. / Ах ты, ночь! / Что ты, ночь, наковеркала? / Я в цилиндре стою. / Никого со мной нет. / Я один... / И разбитое зеркало...*

накидка Анны Снегиной (Лидии Кашиной) — аллюзия на автобиографическую поэму С. Есенина «Анна Снегина» (1925): *Когда-то у той вон калитки / Мне было шестнадцать лет, / И девушка в белой накидке / Ска-*

зала мне ласково: «Нет!»; прототипом героини поэмы была помещица Лидия Кашина

лебяжья накидка Айседоры Дункан — Айседора Дункан (1877–1927) — американская танцовщица, жена Сергея Есенина; очень длинные шарфы, накидки, шали были своеобразной «визитной карточкой» стиля одежды Дункан; один из красных шарфов С. Есенин называл «Дунькин платок»; такой «платок» и привёл Дункан к трагической гибели, намотавшись на колесо машины и задушив танцовщицу

лебединая песня — последнее, обычно наиболее значительное, произведение кого-л.; последнее проявление таланта; предсмертное сочинение; выражение основано на народном поверье, согласно которому лебеди, не певчие, «молчащие» птицы, за несколько мгновений до смерти обретают голос, и это предсмертное пение лебедей удивительно красиво. *Есть ли в вашем родном языке аналогичное выражение?*

Вопросы

▶ 1. Что вы узнали о топонимах Рязанской области? Чем интересен город Рязань? Какие исторические события связаны с этим городом? Какие ещё древние города Руси вы знаете?

▶ 2. Что вам известно о жизни и творчестве Сергея Есенина? Какие стихотворения поэта вы читали? На какие стихи Сергея Есенина написаны песни?

▶ 3. В каких стихотворениях Сергея Есенина мы «встречаем» некоторые экспонаты музея? Что это за экспонаты?

▶ 4. Чем интересна Центральная Россия? Как культурные особенности этого региона отражаются в его географических названиях?

РУССКИЙ РОДЕН

Мемориальный музей «Творческая мастерская С.Т. Конёнкова»

На вопрос, кто такой Сергей Тимофеевич Конёнков, ответа нет. С.Т. Конёнков — всё. Вселенная.

Официально С.Т. Конёнков* — всемирно известный русский и советский художник и скульптор. «Русский Роден*», проживший 97 лет. Лауреат всех мыслимых[1] премий. Классик.

Всё так, но это лишь вершина айсберга[2]. Биография С.Т. Конёнкова и его наследие[3] — фантастические. Такое могло случиться только с русским человеком в XX веке.

Смоленский крестьянин С.Т. Конёнков занимался живописью у иконописца-самоучки[4]. Кстати, ещё дилетантские[5] иконы юноши Серёжи Конёнкова крестьяне благоговейно[6] вешали в своих избах в красный угол*. Потом он получил блестящее академическое образование. Участвовал в революции 1905 года. Лично

закупал браунинги[7] и сооружал баррикаду у ресторана «Прага»*. Лепил[8] всевозможных «каменоборцев[9]» и «рабочих-боевиков».

Крестьянин Конёнков — революционно-пролетарский скульптор. Он же — центральный персонаж московской богемы[10] и популярнейший и дорогостоящий мастер. Он же — язычник[11], создавший свою знаменитую лесную серию («Старичок-полевичок*», «Вещая старушка*», «Стрибог*»). Он же — антик-классицист* («греческий

цикл»). Он же — первый русский скульптор, изобразивший обна-
жённую[12] женщину.

С. Т. Конёнков полностью и всем сердцем принял Октябрьскую
революцию*, а революция — его.

Всего через несколько лет после Октября революционер
С. Т. Конёнков эмигрировал в США (уехал в командировку и
остался на 22 года). В США он — известнейший художник, богема.
Гулял по Бродвею* с красавицей женой Маргаритой (судя по всему, агентом НКВД*; возможно, через неё шла важнейшая информация об американской атомной бомбе). В русской косоворотке[13]
и с котом Рамзесом* на плече. У него море[14] заказов. Например,
от близкого друга Рокфеллера*. Круг друзей, как сейчас говорят,
«вполне себе»[15]: Эйнштейн*, Горький*, Оппенгеймер*, Эйзенштейн*, Рокфеллер*, Шаляпин*...

Известен его диалог с Эйнштейном. С. Т. Конёнков через жену, пе-
реводившую мужу, спросил у Эйнштейна, верит ли тот в Бога. Эйнштейн ответил туманно[16]: нет, не уверен. С. Т. Конёнков по-русски сказал Эйнштейну: «Ну и[17] дурак!» С. Т. Конёнков — единственный человек
в мире, назвавший Эйнштейна дураком, причём за дело[18].

В эти годы С. Т. Конёнков — теософ[19], мистик[20], сектант[21]. Это знаменитый «библейский период» его творчества. А ещё и пророческий[22] период. В 1930-х годах он написал письмо Сталину*, называя его (это, пожалуй, единственный случай в общении творческой интеллигенции с вождём) «братом», и предсказал начало и конец войны. Он напророчил[22] ещё многое. Не случайно С. Т. Конёнкова считают «русским Нострадамусом*».

Читал Сталин это письмо или нет — неизвестно, но в 1945 году он лично распорядился[23] прислать за С. Т. Конёнковым пароход «Смелый» и перевезти Сергея Тимофеевича из Америки в СССР, а заодно[24] и все его работы.

В течение почти 30 лет С. Т. Конёнков — советский художник. До последних дней жизни он плодотворно[25] работал. Наследие[3] С. Т. Конёнкова огромно, его ещё предстоит осмыслить[26] и оценить.

Он всегда повторял, что проживёт 100 лет, но простудился и умер, не дожив три года до столетия. Это — единственное пророчество[22] С. Т. Конёнкова, которое не сбылось[27].

Кто же он? Крестьянин и пролетарий. Революционер и почвенник*. «Русский Роден» и «русский Нострадамус». Советский

человек и эмигрант. Язычник и христианин. Реалист и мистик. «Визави[28]» тирана и муж разведчицы. Богемный «бонвиван[29]» и

неутомимый[30] труженик. Зачинатель[31] русского скульптурного «ню»[32] и иконописец.

С.Т. Конёнков прежде всего — великий художник и подлинно русский человек. Д. Карамазов* в романе Ф.М. Достоевского «Братья Карамазовы»* говорил: «...широк русский человек, слишком даже широк, я бы сузил[33]». О Конёнкове хочется сказать: «Да, широк был Сергей Тимофеевич. Такого не сузишь[33]».

Комментарий

[1] **мыслимый** — возможный, могущий быть, случиться

[2] **вершина айсберга** — только самая заметная, видимая часть чего-л. *Какова внутренняя форма этого словосочетания?*

[3] **наследие** — *В чём различие в значении и употреблении существительных «наследие» и «наследство»? От какого глагола они образованы? Какая связь значений этих слов со значением слов «след», «следить»?*

[4] **иконописец-самоучка** — тот, кто выучился самостоятельно, не имея учителя, писать, рисовать иконы

[5] **дилетантский** — без достаточных специальных знаний, опыта, непрофессиональный. *Как вы назовёте человека, занимающегося наукой или искусством без специальной подготовки?*

[6] **благоговейно** — *книж.* с чувством глубочайшего уважения

[7] **браунинг** — небольшой автоматический пистолет

[8] **вылепить/лепить** — создать/создавать какое-н. изображение из пластических материалов (глины, пластилина, воска и т. п.)

[9] **каменоборец** — *спец.* рабочий, занимающийся разбиванием камня. *Как образовано это слово?*

[10] **богема** — часть художественной интеллигенции (актёры, писатели и др.), ведущей беспорядочный и беспечный образ жизни

[11] **язычник** — последователь язычества, религии, основанной на поклонении многим богам; идолопоклонник

[12] **обнажённый** — ничем не прикрытый (о человеческом теле). *От какого глагола образовано это причастие? В каких значениях может употребляться этот глагол?*

[13] **косоворотка** — традиционная на Руси мужская рубаха с разрезом с левой стороны ворота и украшенная вышивкой

[14] **море (заказов)** — большое количество чего-л. *Какие ещё слова со значением 'большое количество' вы знаете?*

[15] **вполне себе** — *разг.* частотное среди интеллигенции 2010-х годов оценочное сочетание ('достаточно хороший')

[16] **туманно** — неясно, непонятно, невнятно. *Как значение этого слова связано со значением существительного «туман»?*

[17] **ну и** — сочетание частиц, вводящее в данном контексте следствие; *син.* и поэтому

[18] **за дело** — *разг.* заслуженно, не напрасно, имея определённые основания, причину

[19] **теософ** — *терм.* последователь теософии, религиозно-мистического учения о постижении Бога

[20] **мистик** — человек, который верит в таинственное, сверхъестественное

[21] **сектант** — член какой-л. религиозной группы, отделяющей себя от официальной, господствующей

[22] **пророческий** — содержащий правильное предсказание, предположение, предугадавший, предсказавший буду-

щее; **напророчить/пророчить** — предсказать/предска-зывать. *В чём различие в значении слов «пророчество» и «предсказание»? Какой оттенок значения придаёт приставка на- в слове «напророчить»?*

[23] **распорядиться/распоряжаться** — приказать/приказы-вать, повелеть/повелевать

[24] **заодно** — одновременно, пользуясь случаем

[25] **плодотворно** — результативно. *Как внутренняя форма этого слова связана с его значением?*

[26] **осмыслить/осмысливать (осмыслять)** — *книж.* понять/понимать значение, смысл

[27] **сбыться/сбываться** — осуществиться/осуществляться, стать/становиться реальностью

[28] **визави** — от *фр.* vis-à-vis 'лицом к лицу' — оппонент, соперник; собеседник. *В каком значении это слово употреблено в тексте?*

[29] **бонвиан** — от *фр.* bon vivant 'хорошо живущий' — человек, живущий в собственное удовольствие, богато и беззаботно

[30] **неутомимый** — не знающий усталости. *Как образовано это слово?*

[31] **зачинатель** — *книж., устар.* тот, кто кладёт начало чему-л.

[32] **скульптурное «ню»** — художественный жанр в скульптуре, изображающий красоту и эстетику обнажённого человеческого тела

[33] **сузить/суживать** — сделать меньше, у́же. *Какое значение передаёт сочетание частицы не и глагола 2-го л. ед. ч. сов. в. — не сузишь?*

Конёнков Сергей Тимофеевич (1874—1971) — русский и советский скульптор; мемориальный музей «Творческая мастерская С. Т. Конёнкова» находится в Москве на Тверской улице, в доме 17; в Москве, в районе Бибирево, есть улица, названная в честь скульптора

Роден Франсуа (1840–1917) — французский скульптор, признанный одним из создателей современной скульптуры; среди наиболее известных его произведений — «Мыслитель», «Граждане Кале» и «Поцелуй»

красный угол — от *ст.-слав.* красѣнъ 'красивый, прекрасный' — святое место в русской избе, где находились иконы, священные книги и т. п.; устраивался в дальнем углу с восточной стороны, в пространстве между боковой и фасадной стенами, по диагонали от печи

ресторан «Прага» — один из самых известных и старых (первое здание ресторана появилось в XVII веке) московских ресторанов; находится на Арбате в доме 2

«Старичок-полевичок» — скульптурная работа из дерева в виде улыбающегося старика с посохом (1909) С. Т. Конёнкова; образ близок поэтическим легендарно-языческим народным образам хранителя и сторожа заповедных полян

«Вещая старушка» — изображённая С. Т. Конёнковым в скульптуре из дерева (1916) популярная сказительница М. Д. Кривополенова

«Стрибог» — скульптурная работа из дерева (1910) С. Т. Конёнкова, изображающая божество древнерусского пантеона, скорее всего — повелителя ветра или воздуха

антик-классицист — см. комментарий к **классицистический** на с. 159

Октябрьская революция — одно из крупнейших политических событий XX века, произошедшее в России 25 октября (по новому стилю — 7 ноября) 1917 года и повлиявшее на дальнейший ход всемирной истории

Бродвей — название самой длинной улицы Нью-Йорка

НКВД (Народный комиссариат внутренних дел) — центральный орган управления по борьбе с преступностью и поддержанию общественного порядка, а также по обеспечению государственной безопасности в 1917–1930 годах и 1937–1946 годах

Рамзес — имя древнеегипетского фараона. *Как вы думаете, почему С. Т. Конёнков так назвал своего кота?*

Эйнштейн Альберт (1879–1955) — лауреат Нобелевской премии, один из основателей современной теоретической физики, создатель теории относительности

Горький (Пешков) Алексей Максимович (1868–1936) — один из самых значительных и известных в мире русских писателей и драматургов; пять раз номинировался на Нобелевскую премию по литературе; см. также текст на с. 59

Оппенгеймер Джулиус Роберт (1904–1967) — американский физик-теоретик, один из создателей ядерного оружия

Эйзенштейн Сергей Михайлович (1898–1948) — советский режиссёр театра и кино, художник, сценарист, теоретик искусства, педагог; наиболее известные фильмы С. М. Эйзенштейна — «Броненосец „Потёмкин"» (1925), «Александр Невский» (1938), «Иван Грозный» (1944–1946)

Рокфеллер Джон Дэвисон (1839–1937) — американский предприниматель, филантроп, первый официальный долларовый миллиардер в истории человечества

Шаляпин Фёдор Иванович (1873–1938) — знаменитый русский оперный и камерный певец, легендарный бас, солист Большого и Мариинского театров. Известны следующие афоризмы Ф. И. Шаляпина: *Не знает как будто никакой середины русский темперамент* | *Всё-таки я думаю, что обо мне судили бы лучше, будь я более политичен, тактичен, дипломатичен или, проще говоря, более лжив* | *Есть иногда в русских людях такая неодолимая физическая застенчивость, которая вызывает во мне глубокую обиду, несмотря на то, что она бывает и трогательна. Обидна она тем, что в самой глубокой своей основе она отражение, вернее отслоение нашего долгого рабства* | *Бездонна русская тоска. Но вдумы-*

ваясь в образы, которые мне приходилось создавать на русской сцене, я вижу безмерность русского чувства вообще, — какое бы оно ни было.

Сталин (Джугашвили) Иосиф Виссарионович (1878–1953) — с 1924 по 1953 год руководитель Советского государства; деятельность Сталина до сих пор оценивается очень неоднозначно: с одной стороны, при нём была проведена индустриализация, СССР победил фашизм и создал атомную бомбу; с другой стороны, всё это сопровождалось массовыми репрессиями и обеспечивалось колоссальными жертвами

Нострадамус (Мишель де Нострдам) (1503–1566) — французский фармацевт и алхимик, знаменитый своими пророчествами и предсказаниями

почвенник — представитель течения русской общественной мысли, родственного славянофилам, в котором проповедовалось сближение образованного общества с народом («почвой») на религиозно-этической основе

Д. Карамазов — Дмитрий Павлович Карамазов — один из главных героев романа Ф. М. Достоевского «Братья Карамазовы», обвинённый в убийстве своего отца. Известны следующие цитаты из романа, относящиеся к Д. Карамазову: *Красота — это страшная и ужасная вещь! Страшная, потому что неопределимая, а определить нельзя потому, что бог задал одни загадки | Ужасно то, что красота есть не только страшная, но и таинственная вещь. Тут дьявол с богом борется, а поле битвы — сердца людей | [А. Карамазову] Но влюбиться не значит любить. Влюбиться можно и ненавидя | Боже тебя сохрани, милого мальчика, когда-нибудь у любимой женщины за вину свою прощенья просить! <...> все за всех виноваты. За всех «дитё», потому что есть малые дети и большие дети. Всё — «дитё». Иного выгоднее иметь в числе врагов, чем друзей | Подлецом может быть всякий, да и есть, пожалуй, всякий, но вором может быть не всякий, а только архиподлец |*

Мужчина должен быть великодушен, и мужчину это не замарает. Героя даже не замарает, Цезаря не замарает! | *Много людей честных благодаря тому, что дураки. <Это — мысль Ракитина.> Нет добродетели, если нет бессмертия* | *<...> всё на свете загадка* | *Слишком много загадок угнетают на земле человека* | *Что есть женщина! Царица земли!*

Достоевский Фёдор Михайлович (1821—1881) — знаменитый русский писатель и мыслитель. *Какие произведения Ф. М. Достоевского вы знаете? Какие из них читали?*

Вопросы

▶ 1. Что вы узнали о Сергее Тимофеевиче Конёнкове? Где находится Музей-мастерская С. Т. Конёнкова? Как вы думаете, что можно посмотреть в этом музее?

▶ 2. Какие факты биографии С. Т. Конёнкова показались вам наиболее интересными? Почему?

▶ 3. Почему С. Т. Конёнкова называли «русским Нострадамусом»? Какие пророчества С. Т. Конёнкова сбылись, а какие — нет?

▶ 4. В чём противоречивость личности С. Т. Конёнкова? Как эти противоречия отражали эпоху, в которую он жил и творил?

ТРАГЕДИЯ В КАМНЕ

Государственный
музей-заповедник «Царицыно»*

История «Царицыно» — до боли[1] российская история. Роковая[2], несуразная[3] и всё-таки гениальная в своей чисто[4] русской «аляповатости[5]». В сущности[6], это некий культурологический детектив с огромным количеством сюжетных линий. Вдумаемся...

Жили-были* три выдающихся человека — Екатерина Великая*, Василий Баженов* и Матвей Казаков*.

Екатерина решает в 1775 году построить себе московскую резиденцию. Выбирает место, разумеется, с самым подходящим названием — Чёрная Грязь. Чёрную Грязь переименовывают в «Царицыно». «Из грязи в князи»* — мистика! Любимым, кстати, выражением Екатерины, немки по рождению, француженки по образованию и русской по судьбе, было всё-таки русское «дать звону»*. Шла ли речь о войне, о реформах или о строительстве — она приказывала «дать звону».

«Дать звону» в Чёрной Грязи было поручено Василию Баженову, который до этого уже гениально «провалил»[7] одно задание. Он создал невероятно[8] смелый грандиозный проект Большого Кремлёвского дворца*. Баженов дал такого «звону», что это было слишком — даже для Екатерины.

В «Царицыно» В. Баженов строит удивительно трогательный[9], лиричный комплекс в стиле так называемой «нежной готики»*. Стрельчатые арки, «ласточкины хвосты» (раздвоенные зубцы), бело-красные мотивы XVII века, нарочито[10] сложная, как в древнерусских хоромах[11], внутренняя планировка. Посмотрите на знаменитые «Оперный дом»*, «Хлебный дом»*, «Фигурные ворота»*... Это же чудо!

Но Екатерина заявила: «Это не дворец, а тюрьма!» Главный дворец и ещё ряд зданий снесли[12]. Трудно сказать, что именно не понравилось императрице. Может быть, она слишком привыкла к петербургской помпе[13] и не оценила баженовской лирической камерности[14]. Может быть, её задело[15], что Баженов отстроил[16] одинаковые по размеру комплексы для неё и для её сына Павла Петровича*, горячо ею ненавидимого[7]. Да

тут ещё и[17] слухи[18] о том, что Баженов общается с Павлом. Да к тому же просвещает[19] его на предмет масонского* учения.

Так или иначе[20], новый дворец поручается Матвею Казакову*. Теперь «даёт звону» Казаков. Часто говорят, что тот построил уж[21] слишком непропорционально[22] большой дворец. Однако ему было ясно приказано: построить очень большой дворец. Он и построил.

Екатерина умирает. Её сын, император Павел, отрицает всё, что было сделано при Екатерине и для Екатерины. Дворец пустует и медленно разрушается.

Баженову не дали строить, а потом срыли[23] то, что он построил. Казаков построил, но это оказалось никому не нужно и превратилось в руину.

М. Казаков умирает в великий 1812 год*. До него дошли слухи[18] (ложные) о том, что в Москве сгорело всё, что он построил. Он слёг[24] от горя и умер. А вот судьбу баженовского царицынского

го творения «взаправду[25]» сгубили[26] слухи[18] о его масонских* беседах с Павлом. Опять симметричное совпадение...

В 2007 году казаковский дворец отреставрировали. Кто-то говорил, что лучше оставить руины, иначе — лужковский новодел*. Мнения и оценки были и будут разные.

Сейчас, гуляя по «Царицыно» и наслаждаясь архитектурой и ландшафтом, понимаешь, что всё это не только крупнейший в Европе псевдоготический* комплекс XVIII века, но и эхо поистине шекспировских страстей*, человеческая трагедия в камне.

Комментарий

[1] **до боли** — *разг.* очень сильно, в высшей степени

[2] **роковой** — *книж.* имеющий особое предназначение, своеобразную судьбу

[3] **несуразный** — абсурдный, нелепый

[4] **чисто (русская)** — *разг.* исключительно, только

[5] **аляповатость** — грубая несоразмерность, безвкусица

[6] **в сущности** — на самом деле, говоря по существу

[7] **гениально «провалить», горячо ненавидимый** — *На чём основаны данные оксюморонные сочетания?*

[8] **невероятно** — в высшей степени, такой, в который трудно поверить

[9] **трогательный** — вызывающий умиление, нежное, тёплое чувство

[10] **нарочито** — умышленно, преднамеренно, для того, чтобы произвести впечатление

[11] **хоромы** — *разг.* богатый, большой дом, просторное помещение

[12] **снести/сносить** — разрушить/разрушать, уничтожить/уничтожать, сломать/ломать

[13] **помпа** — *книж.* внешняя, показная пышность, торжественность

[14] **камерность** — от **камерный** — предназначенный для небольшого круга людей

[15] **задеть/задевать** — *разг.* обидеть/обижать, оскорбить/оскорблять

[16] **отстроить/отстраивать** — *В чём различие в значении слов «построить/строить», «отстроить/отстраивать», «выстроить/выстраивать», «настроить/настраивать», «застроить/застраивать», «перестроить/перестраивать»?*

[17]**да тут ещё и** — *разг.* сочетание, употребляемое для ввода дополнительного примера, объяснения чего-л.

[18]**слухи** — сплетни, молва, разговоры, кривотолки, клевета. *В чём различие в значении этих слов?*

[19]**просветить/просвещать** — сообщить/сообщать кому-л. знания, распространить/распространять среди кого-л. знания, культуру. *Как значение этого глагола связано со значением существительного «свет»?*

[20]**так или иначе** — *разг.* в любом случае, как бы там ни было

[21]**уж (слишком, очень)** — частица, имеющая в данном контексте усилительное значение

[22]**непропорционально** — неправильные пропорции, несоразмерность отдельных частей между собой

[23]**срыть/срывать** — разрушая, разрывая, уничтожить/уничтожать

[24]**слечь** — *разг.* серьёзно заболеть

[25]**взаправду** — *прост.* в самом деле, не шутя, подлинно

[26]**сгубить/губить** — *разг.* привести/приводить к смерти

II

«Царицыно» — дворцово-парковый ансамбль на юге Москвы; заложен по повелению императрицы Екатерины II в 1776 году; находится в ведении музея-заповедника «Царицыно», основанного в 1984 году

жили-были — типичное начало русских народных сказок. *Какие ещё выражения могут быть в начале русских сказок? Какие устойчивые фразы из русских сказок вы знаете? С какой целью в тексте используется выражение «жили-были»?*

Екатерина Великая — Екатерина II Алексеевна (1729–1796) — российская императрица (1762–1796) (бывшая немецкая принцесса София-Августа Ангальт-Цербстская); укрепила крепостнический режим, дала большие привилегии дворянству; вела многочисленные войны;

при ней к России были присоединены Крым и земли на побережье Чёрного моря. Известны, например, такие афоризмы Екатерины II: *Первое правило — делать так, чтобы люди думали, будто они сами хотят этого | Издавая закон, ставь себя на место того, кто должен ему подчиняться | Кто говорит, что хочет, услышит и то, чего не хочет | Гораздо лучше предупреждать преступления, нежели их наказывать | Ложь изо всех вреднейший есть порок | Лучше весь век учиться, нежели пребыть незнающим | Лучше оправдать десять виновных, нежели обвинить одного невинного | Нет стыда признаться человеку в своей ошибке | Победителей не судят | Сделав ближнему пользу, сам себе сделаешь пользу.*

Баженов Василий Иванович (1738—1799) — русский архитектор, художник, теоретик архитектуры и педагог, представитель классицизма, зачинатель русской псевдоготики, масон; знаменитый Дом Пашкова в Москве построен по его проекту

Казаков Матвей Фёдорович (1738—1812) — русский архитектор, который в годы правления Екатерины II перестроил центр Москвы в стиле раннего классицизма; один из крупнейших представителей русской псевдоготики

из грязи в князи — о том, кто добился успеха, богатства и вышел из низших слоёв общества; фразеологизм произошёл от русской пословицы «Взят из грязи, да посажен в князи»; обычно употребляется при выражении негативной оценки

дать звону — основное значение этого устойчивого сочетания — 'проучить, наказать кого-л.'. *Как вы думаете, в каком значении употребляла это выражение Екатерина II? Как вы понимаете фразеологизм «дать жару»?*

Большой Кремлёвский дворец Баженова — нереализованный, по всей видимости, из-за высокой стоимости проект дворца в Московском Кремле; по задумке архитектора масштабный комплекс должен был находиться в южной части Боровицкого холма, а его корпуса окружать всю Соборную площадь и часть старых построек

«нежная готика» — название стиля большинства творений В. И. Баженова, который сам дал ему такое определение. *Как бы вы определили характерные черты этого направления в архитектуре? Как вы представляете себе «стрельчатые арки» и «ласточкины хвосты»?*

«Оперный дом», «Хлебный дом», «Фигурные ворота» — названия дворцов и построек, входящих в комплекс Царицынского дворцово-паркового ансамбля

Павел Петрович — Павел I (1754–1801) — сын Екатерины II и Петра III, император Всероссийский с 1796 года; хотел перечеркнуть всё сделанное Екатериной II, и это стало одним из важнейших мотивов его политики; был убит в результате дворцового переворота

великий 1812 год — год войны между Российской и Французской империями на территории России

масонский — от **масонство** — религиозно-этическое движение, возникшее в начале XVIII века в Великобритании и распространившееся во многих странах, в том числе с 1730-х годов и в России. *Кто из известных русских писателей затронул в своих произведениях тему масонства?*

лужковский новодел — здания Москвы, построенные в период, когда мэром города был Ю. М. Лужков (1992–2010); этот архитектурный стиль сочетает в себе признаки самых разных направлений, здания часто украшаются башенками и фигурными столбиками; словосочетание используется как *син.* пошлости и плохого вкуса

псевдоготический — предромантическое направление в русской архитектуре петровской и екатерининской эпохи, основанное на вольном сочетании элементов европейской готики, византийской архитектуры и московского барокко, в котором часто использовалась масонская символика

(эхо) шекспировских страстей — выражение, означающее сильные страсти, чувства, которых иногда на самом деле не было; от Шекспир Уильям (1564–1616) — знаменитый английский драматург, автор трагедий «Ромео и Джульетта», «Гамлет», «Отелло», «Король Лир», «Макбет» и многих других произведений, ставших мировой классикой

Вопросы

▶ 1. Что вы узнали об истории музея-заповедника «Царицыно»? По чьему приказу строился главный дворец? Почему его перестраивали?

▶ 2. Что вы узнали о жизни и творчестве В. Баженова и М. Казакова? Какие известные здания были созданы этими архитекторами?

▶ 3. Чем различаются архитектурные стили В. Баженова и М. Казакова? Какие ещё архитектурные стили вы знаете?

▶ 4. Как перестраивалась Москва в последние три десятилетия? Какие появились новые архитектурные стили? Как вы к этому относитесь?

ХРАНИМАЯ СВЫШЕ

Музей-усадьба Мураново*

У современного человека слово «усадьба» ассоциируется в первую очередь с так называемыми дворянскими гнёздами*. Спасское-Лутовиново*, Болдино*, Михайловское*, Тарханы*...

Это, конечно же, так, но не совсем. Усадьба — философия, выходящая за рамки классов и сословий[1]. Можно сказать, что усадьба — в некотором смысле та самая национальная идея, которую столь напряжённо и пока, увы, безуспешно ищет современная Россия.

«Усадьба» (= «усад», «усадебка», «усадище», «усадьбище») — это 'усаженное место', то есть место, переданное людям предками, где люди обосновались, пустили корни[2] и где они всё обустроили[3]

для своих потомков. Обустроили и в хозяйственном, и в культурном, духовном смысле.

Если воспользоваться формулировкой А. И. Солженицына* («как нам обустроить Россию»*), то можно сказать: усадьба — это минимальная единица обустройства[3] страны и культуры. Это как бы культурный квант[4], цивилизационная ячейка[5]. И в наши дни на своих утлых[6] шести сотках* люди обустраивают своё Мураново, свою кровную[7] ячейку-усадьбу, вьют[8] своё культурно-семейное гнездо. Масштабы, может быть, и скромнее, но суть[9] та же.

Мураново — квинтэссенция[10] русской усадебной традиции. Не случайно ещё в 1926 году Максимилиан Волошин* писал: «Погибни[11] Мураново — погибнет отечественная культура»*. Мураново не погибло. И в этом — проявление великого Промысла[12] России.

Усадьба существует почти двести лет. И вот уже два века она, выражаясь языком А. Ремизова*, одна из «узлов и закрут[13]»* русской культуры.

В этих местах после наполеоновских войн сначала «усадились» Оболенские*. А дальше, точно как в анфиладах[14] усадебных комнат, Мураново последовательно обустраивают семьи Энгельгардтов*, Боратынских*, Путят*, Тютчевых*. Здесь бывали Гоголь*, Аксаков* и многие другие.

Настоящее чудо происходит в 1920 году, во времена, казалось бы, полной революционной вакханалии[15]. Усадьба Мураново одной из первых в новой истории (раньше, чем Ясная Поляна*!) становится музеем, охраняемым государством. И это притом, что Боратын-

ский* и Тютчев*, друг Победоносцева*, уж никак не вписывались[16] в новую большевистскую* картину мира. Снова Промысел[12].

А затем более полувека музей возглавляют прямые потомки Тютчева. Словно бы отстаивая усадебную философию культурно-семейной преемственности[17] как основы подлинного[18] обустройства[3] России.

Пожар в ночь с 26 на 27 июля 2006 года, во время которого люди, спасая экспонаты, проявили настоящий героизм, стал событием общенационального масштаба. «Погибни Мураново — погибнет отечественная культура»*.

Усадьба не погибает. Ни рукотворный[19] огонь страшной Гражданской войны начала XX века, ни ночная июльская молния начала XXI века не уничтожили одну из главных культурных ценностей России. И это — знак свыше.

Комментарий

[1] **сословие** — сложившаяся на основе феодальных отношений общественная группа со своими наследственными правами и обязанностями, закреплёнными обычаями и/или законами

[2] **пустить/пускать корни** — основательно, прочно устроиться/устраиваться где-л.

[3] **обустроить/обустраивать** — привести/приводить в порядок, подготовить/подготавливать к использованию. *Какое существительное, образованное от этого глагола,*

встретилось в тексте? Какие ещё однокоренные слова вы знаете?

[4] **квант** — от *лат.* quantum 'сколько' — *терм.* наименьшее количество какой-л. величины, обладающее самостоятельным существованием

[5] **ячейка** — часть какой-л. группы

[6] **утлый** — *устар.* жалкий, бедный, убогий

[7] **кровный** — *В чём различие в употреблении слов «кровный», «кровавый» и «кровяной»?*

[8] **свить/вить** — сделать/делать что-л., сплетая, то есть соединяя узкие полосы или нити в одно целое. *Как вы понимаете перен. значение выражения «свить своё гнездо»?*

[9] **суть** — *книж.* самое главное и существенное в чём-л.

[10] **квинтэссенция** — от *лат.* quinta essentia 'пятая сущность' — *книж.* основа, самая сущность чего-л.

[11] **погибни** — *В каком значении употребляется в тексте форма повелительного наклонения глагола «погибнуть»?*

[12] **промысел** — промысл — *высок.* забота Бога о судьбе человека. *Как внутренняя форма этого слова отражает его значение?*

[13] **закрут** — *прост.* сложность, затруднение. *Как вы понимаете метафору «закруты памяти»?*

[14] **анфилада** — от *фр.* enfilade — длинный, сквозной ряд комнат, у которых двери или арки расположены по одной линии

[15] **вакханалия** — от *лат.* bacchanalia — крайняя степень беспорядка, вызванная нестабильностью, неустойчивостью

[16] **вписаться/вписываться** — *разг.* подойти/подходить, соответствовать. *С какими ещё приставками может употребляться глагол «писать»?*

[17] **преемственность** — *книж.* последовательный переход от одного к другому

[18] **подлинный** — самый настоящий, действительный, истинный

[19] **рукотворный** — созданный, сделанный руками человека. *Как образовано это слово? Как вы понимаете метафору «рукотворный огонь Гражданской войны»?*

Мураново — литературно-мемориальный музей, созданный потомками Ф. И. Тютчева на базе родовой усадьбы в деревне Мураново Пушкинского района, расположенного на северо-востоке Московской области

дворянское гнездо — аллюзия на роман И. С. Тургенева «Дворянское гнездо» (1859)

Спасское-Лутовиново — музей-усадьба матери И. С. Тургенева; находится в Орловской области, ныне музей-заповедник И. С. Тургенева

Болдино — село и имение в Нижегородской области, принадлежавшие дворянскому роду Пушкиных, ныне музей-заповедник А. С. Пушкина

Михайловское — родовое имение матери А. С. Пушкина; находится в Псковской области, ныне музей-заповедник А. С. Пушкина

Тарханы — село в Пензенской области, где находилось поместье Е. А. Арсеньевой, бабушки поэта М. Ю. Лермонтова (1814–1841), ныне музей-заповедник М. Ю. Лермонтова

Солженицын Александр Исаевич (1918–2008) — русский писатель; лауреат Нобелевской премии по литературе; диссидент, в течение нескольких десятилетий активно выступавший против политического строя СССР; наиболее значимые произведения А. И. Солженицына — «Один день Ивана Денисовича», «Матрёнин двор», «Архипелаг ГУЛАГ», «В круге первом», «Раковый корпус»; «Как нам обустроить Россию» — название публицистического эссе А. И. Солженицына (1990)

шесть соток — 600 квадратных метров — один из ключевых концептов советской эпохи, когда страной руководили Н. С. Хрущёв (1956–1964) и Л. И. Брежнев (1964–1982); шесть соток выдавались людям как дачные участки с целью решения продовольственной проблемы. *Какие ещё концепты советской эпохи вы знаете?*

Волошин Максимилиан Александрович (1877–1932) — русский и советский поэт, переводчик, художник, литературный критик; «Погибни Мураново, погибнет отечественная культура» — слова, написанные М. А. Волошиным в книге посетителей Мураново (1927)

Ремизов Алексей Михайлович (1877–1957) — русский писатель; «Узлы и закруты» — часть названия книги А. М. Ремизова «Подстриженными глазами: Книга узлов и закрут памяти» (1951)

Оболенские — русский княжеский род, потомки Рюрика

Энгельгардты — дворянский и баронский род, происходили из Швейцарии; самый известный представитель рода — выдающийся биохимик, один из основоположников молекулярной биологии в России академик Владимир Александрович Энгельгардт (1894–1984)

Бо(а)ратынские — старинный дворянский род польского происхождения; самый известный представитель рода — поэт Е. А. Боратынский (1800–1844), друг А. С. Пушкина

Путята — старинный дворянский род польского происхождения

Тютчевы — род русского дворянства, наиболее известным представителем которого является поэт Ф. И. Тютчев (1803–1873). *Знаете ли вы какие-н. стихотворения Ф. И. Тютчева?*

Гоголь (Яновский) Николай Васильевич (1809–1852) — великий русский писатель, один из создателей художественного реализма; см. также текст на с. 43. *Какие произведения Н. В. Гоголя вы знаете?*

Аксаков — имеется в виду Аксаков Константин Сергеевич (1817–1860) — русский публицист, поэт, литературный критик, историк и лингвист, главный идеолог русского славянофильства

Ясная Поляна — родовая усадьба знаменитого русского писателя Л. Н. Толстого (1828—1910); находится в Тульской области, ныне музей-заповедник Л. Н. Толстого

Победоносцев Константин Петрович (1827—1907) — русский государственный деятель консервативных взглядов, писатель, историк церкви

большевистский — от **большевики** — радикальное крыло социал-демократической партии России, возглавляемое Лениным — создателем его идеологических основ. *Как вы полагаете, что входит в понятие «большевистская картина мира»?*

Вопросы

▶ 1. Какова этимология слова «усадьба»? Какие однокоренные слова вы знаете? Какие ассоциации вызывает усадьба у русского человека? Чем современная русская дача может напоминать усадьбу?

▶ 2. Что вы узнали об усадьбе Мураново? Где она находится? С какими известными именами связана эта усадьба? Какие ещё дворянские усадьбы вам известны? В каких произведениях русской литературы усадьба и усадебный быт занимают центральное место?

▶ 3. Как вы поняли, в чём заключается культурно-историческая значимость усадьбы Мураново?

▶ 4. Есть ли в вашей стране явления, подобные русской усадьбе?

НОВОСПАССКОЕ*

Музей-усадьба М. И. Глинки

У Михаила Ивановича Глинки* — родоначальника русской классической музыки было Новоспасское, его малая родина, которую он называл «раем земным».

Можно сказать с полной уверенностью, что без Новоспасского не было бы ни первой русской народной музыкальной драмы («Иван Сусанин»*), ни первой русской оперы-сказки («Руслан и Людмила»*), ни великого русского симфонизма* («Камаринская»*), ни русского романса* («Не искушай меня без нужды»*).

Новоспасское — пуповина[1], «гринвич»*, исток, точка отсчёта[2], основа, колыбель[3], зародыш[4], семя русской музыки. Очень точно сказал Чайковский*: вся русская симфоническая музыка в знаменитой глинковской «Камаринской» — «как дуб в жёлуде»*.

Кстати, здесь, в Новоспасском, одним из любимых занятий маленького Миши Глинки было слушать шум ветра в листве векового дуба. А ещё сидеть на перекате[5] Десны* и вслушиваться в журчание[6] воды в камнях. Музыка Глинки — это не только и не столько[7] так называемый культурный феномен, сколько[7] природное явление. Явление русской (смоленской*, ельнинской*) природы.

Кроме музыки, воздуха и воды гений Глинки в Новоспасском сформировали птицы и колокола.

Всю жизнь, начиная с новоспасского детства, Глинка был страстным[8] любителем «птичьих заведений»*. Певчих птиц* он держал впоследствии во время всех своих путешествий (от Севильи* до Варшавы*). Это очень важно. Нигде в мире не было такого культа птичьего пения, особенно соловьиного*, как в России. Русские знатоки птиц, к которым относился и Глинка, различали сотни так называемых колен пения*: оттолчка, почин, стукотня, пульканье, раскат, лешева дудка, дробь, пленканье, кукушкин переплёт, гусачок, глухариная уркотня,

поцелуйный разлив, перехватцы, чмоканье, кошечка, колокольчиком*... Вот вам и[9] прототип всей ритмики и мелодики классической музыки.

Колокола Михаил Иванович Глинка тоже обожал.

В раннем детстве его воспитывала набожная[10] бабушка, Фёкла Александровна. Миша рос, как он сам говорил, «мимозой*». Был очень болезненным. Его постоянно держали в тепле, поили горячими отварами[11], не выпускали из дома. Заметим в скобках[12]: это, конечно, плохо, но первые четыре года затворничества[13] неожиданно обернулись и обратной стороной — тягой[14] к путешествиям, к югу. Двадцать лет из своей 52-летней жизни композитор впоследствии проведёт в путешествиях, преимущественно в южных странах, и там он впитает богатейшие музыкальные культуры Грузии, Украины, Австрии, Италии, Испании...

Так вот... Сидя взаперти[15], маленький Миша слушал доносящийся сквозь окна звон колоколов и в точности воспроизводил их на двух маленьких тазах[16].

И культ птичьего пения, и культура колокольного звона — специфически русские явления. И такой природы, как на Смоленщине*, нет больше нигде в мире.

Глинка — это русский ветер, русская вода, русские птицы и русские колокола. И конечно же, крестьянский музыкальный фольклор Новоспасского, который Михаил Иванович не просто любил, но и тщательно изучал.

Глинка прожил нелёгкую жизнь.

После успеха «Ивана Сусанина» («Жизнь за царя»*) будет неуспех «Руслана и Людмилы»: перед премьерой заболеет популярная певица, роль

получит певица похуже, и царская семья покинет театр до конца спектакля. А великий русский князь Михаил Павлович, чтобы досадить[17] Глинке, даже будет посылать провинившихся офицеров не на гауптвахту[18], а в театр, на «Руслана».

Глинку будут открыто травить[19], как и Пушкина.

У Михаила Ивановича не сложится личная жизнь.

Он очень тяжело переживёт смерть матери (после её кончины у него отнимется[20] правая рука).

Умрёт М. И. Глинка в Берлине. Берлинские власти даже не оповестят[21] родственников о его смерти.

Хорошо известно следующее мистическое совпадение[22]. Друзья Глинки, восторженно отзывавшиеся об «Иване Сусанине», написали Михаилу Ивановичу шутливое четверостишие:

> Пой в восторге, русский хор!
> Вышла новая новинка.
> Веселися[23], Русь! Наш Глинка —
> Уж[24] не глинка[25], а фарфор[26]!

А после смерти композитора родственники перевезут его гроб из Берлина в Россию в картонной упаковке[27] с надписью «Фарфор».

Именно русская, смоленская, ельнинская земля Новоспасского породила гений Глинки. Почва стала музыкой, подобно тому, как глина становится фарфором. И секрет этого волшебного превращения здесь, в Новоспасском.

Комментарий

[1] **пуповина** — *терм.* орган в виде трубки, соединяющей зародыш человека или животного с телом матери. *В каком значении это слово употребляется в тексте?*

[2] **точка отсчёта** — то, с чего всё начинается

[3] **колыбель** — *высок.* место возникновения, зарождения чего-л.; родина. *Знаете ли вы прямое значение этого слова?*

[4] **зародыш** — начало. *Какое у этого слова прямое значение?*

[5] **перекат** — мелководный участок в русле реки

[6] **журчание** — звук текущей воды (речки, ручья). *От какого глагола образовано это существительное? Какие ещё слова, обозначающие звуки, вы знаете?*

[7] **не столько... сколько** — союз, выражающий сопоставление при ограничении; *син.* не в такой мере... как

[8] **страстный (любитель)** — с большим увлечением отдающийся какому-н. делу, занятию

[9] **вот вам и** — *разг.* сочетание, выражающее подтверждение чего-л.

[10] **набожный** — верующий, исполняющий все религиозные обряды

[11] **отвар** — жидкость, насыщенная соком того, что в ней варилось

[12] **заметить в скобках** — сделать замечание, какое-л. отступление

[13] **затворничество** — уединённый, замкнутый образ жизни

[14] **тяга** — стремление, желание, часто необъяснимое и непреодолимое

[15] **сидеть взаперти** — находиться в закрытом, запертом помещении, редко встречаясь с другими людьми

[16] **таз** — широкий и неглубокий круглый сосуд; в XIX веке тазы, как и колокола, обычно делались из меди

[17] **досадить/досаждать** — причинить/причинять неприятность

[18] **гауптвахта** — от *нем.* Hauptwache 'главный караул' — помещение для содержания под арестом военнослужащих

[19] **затравить/затравливать** — замучить/замучивать несправедливыми обвинениями, преследованиями, недоброжелательной критикой

[20] **отняться/отниматься** — *разг.* лишиться /лишаться способности двигаться

²¹ **оповестить/оповещать** — *офиц.* довести/доводить до сведения кого-л.; известить/извещать, уведомить/уведомлять. Какие однокоренные слова вы знаете?

²² **совпадение** — сходство, одинаковость, общность

²³ **веселися** — *устар.* форма повелительного наклонения глагола «веселиться»

²⁴ **уж** — *разг.* уже

²⁵ **глинка** — высший сорт глины — вязкого вещества, из которого делают, например, посуду, а также *ласк.* к глина

²⁶ **фарфор** — *тур.* farfur, faġfur, от *перс.* faghfur — белый плотный керамический материал, получаемый из глины самого высокого сорта

²⁷ **картонная (упаковка)** — сделанная из картона — твёрдой, плотной бумаги, в которую упаковывают, то есть складывают для перевозки, вещи, товары и т. д.

Новоспасское — родовое имение М. И. Глинки; является мемориальным музеем композитора; усадьба расположена на реке Десне в юго-восточной части Смоленской области (Смоленщины) в 22 км к югу от районного центра г. Ельня

Глинка Михаил Иванович (1804—1857) — русский композитор, сочинения которого оказали большое влияние на А. С. Даргомыжского, М. П. Мусоргского, Н. А. Римского-Корсакова, А. П. Бородина, П. И. Чайковского и др.; наиболее известные произведения М. И. Глинки — опера «Жизнь за царя» («Иван Сусанин») (1836), рассказывающая о событиях 1613 года, связанных с походом польского войска на Москву; «Руслан и Людмила» (1842) — опера-сказка на стихи А. С. Пушкина; «Камаринская» (1850) — русская народная плясовая песня и танец, популяризованные в одноимённой увертюре

М. И. Глинки; «Не искушай меня без нужды» (1835) — романс на стихи Е. А. Боратынского

русский симфонизм — имеется в виду создание в России жанра большой симфонии, основанного на разработке народных песенных и танцевальных тем

русский романс — вокальное сочинение, написанное на небольшое стихотворение лирического содержания, преимущественно любовного; камерное музыкально-поэтическое произведение для голоса с инструментальным сопровождением. *Какие известные русские романсы вы знаете? Знакомы ли вам поджанры русского романса?*

Гринвич — нулевая точка отсчёта долготы и часовых поясов земного шара; нулевой меридиан исторически связан с Гринвичской обсерваторией в Лондоне

Чайковский Пётр Ильич (1840—1893) — знаменитый русский композитор, дирижёр и музыкальный критик. *Какие произведения П. И. Чайковского вы знаете?*

«как дуб в жёлуде» — *Как вы понимаете эту метафору?*

Десна — большая река, протекающая в европейской части России и по территории Украины, приток Днепра

птичьи заведения — места, где собирались любители певчих птиц, чтобы послушать их, а возможно, продать или купить

певчие птицы — обобщённое название птиц (в России около 300 видов), способных издавать приятные звуки; самой известной певчей птицей считается соловей. *Как вы понимаете, что такое «соловьиная трель»? Как можно объяснить значение следующих фразеологизмов: «курский соловей», «петь соловьём», «разливаться соловьём»?*

Севилья — город на юге Испании, столица Андалусии

Варшава — столица Польши

колена пения — среди русских любителей птичьего пения выработалась своя терминология: песни птиц делят на «колена» («строфы»), а «строфы» — на «слова»; чем больше колен в песне, чем она чище, многословнее и приятнее для слуха, тем выше ценится птица. *Как вы думаете, что означают перечисленные в тексте колена пения?*

мимоза — растение, цветок, листья которого очень чувствительны к температуре, свету и прикосновению. *Как вы понимаете метафору «расти мимозой»?*

Вопросы

▶ 1. Где находится усадьба Новоспасское? А где протекает река Десна? Какие ещё известные русские реки вы знаете?

▶ 2. Какие произведения М. И. Глинки вы знаете? Что повлияло на их создание? Какие ещё знаменитые русские композиторы и их произведения вам известны? Кто из русских композиторов, кроме М. И. Глинки, отражал в своих произведениях звуки певчих птиц и церковных колоколов?

▶ 3. Как вы поняли, что такое «русский симфонизм»?

▶ 4. Есть ли в вашей стране композиторы, которые использовали в своём творчестве те же музыкальные приёмы, что и М. И. Глинка?

ИСТОРИЯ СКОРБИ И ВЕРЫ

14 апреля 1941 года на карте СССР и мира появилось Рыбинское водохранилище*. Была затоплена[1] огромная территория. Вместе с городом Мологой, практически ровесником Москвы (1149). Вместе с 700 сёлами. С заливными[2] лугами, по качеству трав не уступавшими травам альпийских лугов и дававшими общий объём животноводческой продукции, сопоставимый[3] с сельскохозяйственной продукцией, например, Голландии. С соборами, церквями, монастырями и кладбищами. Рыбаки знают места на водохранилище, где особенно хорошо клюёт[4] рыба. Это те точки, где находятся купола церквей. Солнце освещает купола сквозь воду, и рыба собирается косяками[5] вокруг них.

Затоплена[1] была территория в 4550 квадратных километров. Она равняется 1/8 Ярославской области*. Для сравнения: это примерно семь Сингапуров*. Или половина государства

Ливан*. Или больше половины острова Кипр*. Или два Люксембурга*. Или, чтобы было ещё нагляднее, девять территорий Москвы в рамках[6] МКАД*.

В 1995 году был открыт единственный в мире музей затопленной[1] территории. Этот музей уникален не только с точки зрения исторической, он уникален и как метафизический феномен.

История затопления[1] Мологи — это, ни много ни мало[7], история Великого потопа*. Очень часто Мологу называют Русской Атлантидой*. Иногда — градом Китежем*. Всё это, конечно, метафоры, которые имеют право на существование. Однако глубинный, метафизический смысл событий шестидесятилетней давности иной.

В мифах народов мира Потоп* — это всегда кара[8] богов за людские грехи[9]. История же Мологи — это масштабная история потопа как людского греха против людей и природы и одновременно — история мученичества[10] как искупления[11] этого греха. Надеемся, что ничего подобного нигде в мире больше не будет, хотя строительства ГЭС* идут по всей земле и затапливаются[1] огромные территории.

Рыбинское затопление[1] оставило без крова[12] 190 тысяч человек. Их, конечно, переселили, но почти триста человек (294), как легендарные триста спартанцев*, решили остаться под водой вместе со своей родной землёй. Они буквально[13] приковали[14] себя, чтобы принять мученическую смерть[15].

Похоже, что история Мологи ещё не закончена, и она принесёт нам новые уроки. Дело в том, что изначально город не должен был уйти под воду. Планировалось, что глубина водохранилища будет 98 метров (как раз на этой высоте над уровнем моря находилась

Молога). Затем, чтобы повысить мощность ГЭС, уровень подняли на 4 метра. И город оказался обречён[16]. Но в начале 1990-х годов уровень воды снизился на 1,5–2 метра. Не исключено, что он снизится ещё. И тогда, как знать[17], может произойти возвращение «Русской Атлантиды» или «Воскрешение[18] Китежа».

Музей находится в часовне[19] подворья[20] Афанасьевского женского монастыря. Часовня — это малая[21] церковь без алтаря[22]. На заре[23] христианства часовни ставились над входом в подземные кладбища, над подземными церквями, над гробом мучеников[15]. А ещё они ставились и ставятся в местах, где суждено в будущем свершиться[24]

чему-то великому. Так, маленькая часовенка[19], срубленная[25] преподобным Сергием*, стала началом Великой Лавры*.

История Мологи — это история скорби[26] и памяти о мученичестве этой земли и её людей, но она же — история надежды и веры. Это удивительное место, где трагическое прошлое как бы благословляет[27] будущее на счастье и процветание[28]. И поэтому, чтобы у нас всех было светлое будущее, вспомните 14 апреля мученицу Мологу. А ещё лучше — посетите музей.

Комментарий

[1] **затапливаться, затопленный, затоплена, затопление** — от **затопить/затапливать** — залить/заливать, покрыть/покрывать водой поверхность чего-л.

[2] **заливной (луг)** — затопляемый водой при разливе реки, благодаря чему повышается урожай трав. *От какого глагола образовано это прилагательное? В чём различие в значении слов «луг», «лужайка», «поле», «поляна» и «пастбище»?*

[3] **сопоставимый** — сравнимый, соизмеримый, соотносимый

[4] **клевать (о рыбе)** — ловиться на удочку

[5] **косяк** — скопление рыбы

[6] **в рамках** — в границах

[7] **ни много ни мало** — ровно как и

[8] **кара** — *книжн.* суровое наказание, возмездие

[9] **грех** — то, что лежит на совести, отягощает её как чувство вины

[10] **мученичество** — состояние человека, подвергшегося страданиям, испытаниям или принявшего смерть за отказ отречься от своих взглядов, убеждений

[11] **искупление** — *книж.* избавление, прощение

[12] **кров** — *книж.* дом, жилище, приют. *Как слово «кров» связано по значению со словами «крыть» и «крыша»?*

[13] **буквально** — в прямом смысле слова; действительно, на самом деле

[14] **приковать/приковывать** — присоединить/присоединять, прикрепить/прикреплять себя цепью, металлическими звеньями к чему-л.

[15] **мученическая смерть** — см. [10] **мученичество**. *Как вы понимаете различие в значении слов «мученический» и «мучительный»?*

[16] **обречён** — от **обречь** — *книж.* предназначить к какой-л. неизбежной участи

[17] **как знать** — может быть, кто знает. *Как вы понимаете значение поговорки «Поживём — увидим»?*

[18] **воскрешение** — *книж.* возвращение к жизни, восстановление. *От какого глагола образовано это существительное?*

[19] **часовня, часовенка** — небольшое церковное здание с иконами, но без алтаря

[20] **подворье** — городская церковь с общежитием для монахов, принадлежавшая монастырю, находившемуся в другой местности

[21] **малый** — *В чём различие в употреблении слов «малый» и «маленький»?*

[22] **алтарь** — главная, восточная часть церкви, отделённая в православных храмах уставленной иконами стеной — иконостасом; женщинам входить в алтарь запрещено

[23] **на заре** — на самом раннем этапе возникновения. *Знаете ли вы прямое значение слова «заря»?*

[24] **свершиться/свершаться** — *книж.* произойти/происходить

[25] **срубленный** — от **срубить** — построить из брёвен

[26] **скорбь** — глубокая печаль, горе

[27] **благословить/благословлять** — выразить/выражать своё одобрение, доброжелательно направить/направлять на что-л.

[28] **процветание** — от **процветать** — *книж.* успешно развиваться, находиться в хорошем состоянии

II

Молога — город, располагавшийся при впадении реки Мологи в Волгу и затопленный Рыбинским водохранилищем; место, где был город, находится в южной части водохранилища

Рыбинское водохранилище — большое водохранилище на реке Волге; расположено в основном на северо-западе

Ярославской области, а также в Тверской и Вологодской областях

Ярославская область — субъект Российской Федерации, регион центральной части России; на юго-западе граничит с Московской областью

Сингапур — город-государство, расположенный на островах в Юго-Восточной Азии

Ливан — государство, расположенное на Ближнем Востоке, на Средиземном море

Кипр — третий по площади и третий по населению остров в восточной части Средиземного моря

Люксембург — государство в Западной Европе, граничащее с Бельгией на севере, на западе и на юге — с Францией, на востоке — с Германией

МКАД — Московская кольцевая автомобильная дорога

Великий потоп — широко распространённый в ряде религиозных текстов рассказ о масштабном наводнении, которое стало причиной гибели почти всех людей

Атлантида — мифический остров-государство

Китеж — мистический город, который стал невидим и опустился на дно озера Светлояр во время монголо-татарского нашествия XIII столетия; считалось, что Китеж населён только одними праведниками; согласно легенде, находился в северной части Нижегородской области

ГЭС — гидроэлектростанция; обычно ГЭС строят на реках, сооружая плотины и водохранилища

триста спартанцев — герои-спартанцы, погибшие в ходе греко-персидской войны в 480 году до н. э.; популярный кинематографический и литературный сюжет

Преподобный Сергий (Радонежский) (1314—1392) — русский монах, основатель ряда монастырей, в том числе Свято-Троицкого монастыря под Москвой (Троице-Сергиева лавра); духовный собиратель русского народа, с которым связан культурный идеал Святой Руси

Великая Лавра — в тексте имеется в виду Троице-Сергиева лавра, а не монастырь на горе Афон, который обычно так называют

Вопросы

▶ 1. Что вы узнали о городе Мологе? Где он находился, почему исчез с карты России?

▶ 2. Почему история Мологи сравнивается в тексте с Всемирным потопом? Что общего в этой истории с мифом об Атлантиде и легендой о Воскрешении Китежа?

▶ 3. Где находится Музей Мологи? Когда он был открыт? Почему этот музей уникален как метафизический феномен?

▶ 4. Знаете ли вы, в каких литературных или кинематографических произведениях воспроизводится история Мологи или похожие события?

ГОРОД БОГАТЫРЕЙ

П осле посещения такого музея, как Рыбинский музей-заповедник*, особенно отчётливо начинаешь понимать то, что
можно назвать философией музея, или музеесофией.

Да, музей — это коллекция, экспонаты, экскурсии. Здесь ты узнаёшь много нового. Соприкасаешься с древностью. С прекрасным.
С редким. Всё это так, и всё это важно. В конечном же счёте дело
не в этом. Музей должен, если можно так выразиться, отрезвлять[1],
приводить человека в чувство и тем самым давать заряд[2] жизненной энергии. Как написал один школьник об Андрее Болконском*,
«после встречи князя Андрея с весенним дубом* многое в его голове встало на место».

После встречи с экспонатами Рыбинского музея очень многое в голове встаёт на место. Особенно у потерявшего подлинную[3] систему координат[4] столичного жителя. Ты начинаешь понимать, что всё, что принято считать выдающимися достижениями культуры, искусства и т. д., — всё это здесь, в частности в музее относительно небольшого провинциального городка Рыбинска*.

Ты получаешь множество отрезвляющей[1] информации.

Например, что Рыбинск на 76 лет старше Москвы. А вообще-то люди здесь жили ещё 10 000 лет назад.

Что тут — уникальнейшие природные условия, в аккурат[5] граница смешанных лесов[6] и тайги[7]. И тут, «на грани тайги», обитает[8] уникальнейшая, самая большая в России дневная бабочка — бабочка-таёжница[7] со странным названием «хвостоносец Маака». И это звучит как сказка. А когда-то по рыбинским просторам гулял симпатичный шерстистый[9] носорог. Но мегабабочки Мааки и мохнатые носороги — это в Рыбинске было очень давно.

Значительно позже здесь обосновались дворяне Михáлковы*. И если бы не Рыбинск, то не был бы написан современный гимн России*, «Дядя Стёпа»*, а также никогда не были бы сняты фильмы «Раба любви»* и «Романс о влюблённых»*.

От каждого зала музея, если внимательно вникнуть[10] в то, что видишь, получаешь очередную порцию удивления, радости и гордости.

В зале бурлаков* ты узнаёшь, что Рыбинск — бурлацкая* столица России и в Рыбинске жили фантастически, былинно* сильные люди. Норма груза для бурлака была от трёх до пяти тонн (!). Сейчас, если три тонны сдвигают с места, — это уже чудо.

В зале крючников[11], то есть грузчиков, — всё та же бога-тырская* тема. В среднем грузчик таскал в день 400 кулей[12] по 150 килограммов (!).

В этом же зале висит портрет 82-летнего старика-крючника[11]. В глубокой старости он гнул мед-ные пятаки*, рвал карточные ко-лоды* или, например, раздавли-вал яблоко двумя пальцами — как ножницами разрезал. Можете по-пробовать.

В музее представлено очень многое. Быт купечества и дворян-ства. Фарфор. Стекло. Живопись. Иконопись.

И всё это, такое, казалось бы, разное: от бабочек до икон и от книжной коллекции дворян Михалковых до камней эпохи неоли-та* — каким-то странным, мистическим образом сливается[13] в еди-ный, гармоничный, стройный образ. Можно назвать его синтети-ческим, можно — соборным*. Так или иначе[14], в музее ощущаешь[15], что у твоей родной культуры богатейшее прошлое, гигантская сила и огромное будущее. И что сам ты — часть этой великой культуры. И — никакого ложного пафоса[16].

Вот такая музеесофия...

Комментарий

[1] **отрезвить/отрезвлять** — возвратить/возвращать к дей-ствительности, к реальному пониманию окружающего; отрезвляющий — от **отрезвлять**

² **заряд (энергии)** — *разг.* запас, некоторое количество физических, душевных сил, энергии, какой-л. способности, качества. *С какими ещё существительными может сочетаться слово «заряд»? Знаете ли вы его прямое значение?*

³ **подлинный** — самый настоящий, действительный, истинный

⁴ **система координат** — *разг.* сведения о местонахождении, местопребывании

⁵ **в аккурат** — *разг.* точно, точь-в-точь, как раз

⁶ **смешанные леса** — леса, в которых растут хвойные и лиственные деревья. *Какие названия деревьев, растущих в русских лесах и городах, вы знаете?*

⁷ **тайга** — полоса диких труднопроходимых хвойных лесов; таёжница — живущая в тайге. *Как вы представляете себе такой лес?*

⁸ **обитать** — *книж.* жить, пребывать, населять

⁹ **шерстистый** — *В чём различие в употреблении прилагательных «шерстяной» и «шерстистый»?*

¹⁰ **вникнуть/вникать** — вдуматься/вдумываться, понять/понимать самое главное в чём-л., разобраться/разбираться в чём-л.

¹¹ **крючник** — рабочий в России в XVIII — первой трети XX века, переносящий тяжести на спине с помощью особого железного крюка — толстого металлического стержня с загнутым концом

¹² **куль** — *устар.* большой мешок, употреблявшийся ранее для перевозки грузов

¹³ **слиться/сливаться** — стать/становиться частью чего-л., составить/составлять с чем-л. одно целое

¹⁴ **так или ина́че** — в любом случае, в той или иной степени

¹⁵ **ощутить/ощущать** — испытать/испытывать какое-н. чувство

¹⁶ **ложный пафос** — преувеличенная торжественность, высокопарность

Рыбинский музей-заповедник — один из старейших и крупнейших музеев Верхней Волги, находящийся в городе Рыбинске Ярославской области

Андрей Болконский — один из ключевых персонажей романа Л. Н. Толстого «Война и мир»; встреча князя Андрея с весенним дубом — важнейший эпизод романа, в котором герой переосмысливает свою жизнь

Михалковы — русский дворянский род, наиболее известными представителями которого являются поэт С. В. Михалков и его сыновья — режиссёр и актёр Никита Михалков и режиссёр Андрей Михалков-Кончаловский

гимн России — первый вариант советского гимна был на музыку А. Александрова и на стихи С. Михалкова и Г. Эль-Регистана, в дальнейшем этот текст два раза менялся С. Михалковым (последний раз в 2000 году), но музыка оставалась прежней

«Дядя Стёпа» (1935) — стихотворение С. В. Михалкова о добром милиционере дяде Стёпе

«Раба любви» (1975) — советский художественный фильм Никиты Михалкова о судьбе актрисы Веры Холодной

«Романс о влюблённых» (1974) — советский художественный фильм-мюзикл Андрея Кончаловского

бурлак — наёмный рабочий в России XVI — начала XX века, который, идя по берегу, тянул при помощи верёвки речное судно против течения; бурлацкий труд был сезонным и очень трудным, для выполнения заказов бурлаки объединялись в артели. *Знаете ли вы картину «Бурлаки на Волге»? Кто её автор?*

былинно — от **былинный** — описываемый, воспеваемый или достойный воспевания в былине — древнерусской народной песне о героических событиях или примечательных эпизодах национальной истории XI—XVI веков

богатырский — от **богатырь** — персонаж былин и сказаний, отличающийся большой силой и совершающий подвиги религиозного или патриотического характера. *Каких известных русских богатырей вы знаете?*

гнуть медные пятаки, рвать карточные колоды — традиционные на Руси способы продемонстрировать свою физическую силу; среди других способов были известны такие: гнуть подковы, плести узоры из гвоздей или завязывать гвозди узлами, носить на плечах лошадь и др.

эпоха неолита — около 9500 лет до н. э., эпоха, завершающая период каменного века

соборный — всеобщий, совместный, совершаемый всеми вместе; ключевое понятие русской религиозной философии, означающее свободное духовное единение людей как в церковной жизни, так и в мирской общности, общение в братстве и любви; понятие было введено А. С. Хомяковым и развито славянофилами и религиозными философами

Вопросы

▶1. Что вы узнали из текста о Рыбинском музее-заповеднике? Что можно посмотреть в этом музее? Где находится город Рыбинск? Какова его история? Почему после «встречи с экспонатами Рыбинского музея очень многое в голове встаёт на место»?

▶2. Каков культурный вклад представителей семьи Михалковых? Знаете ли вы, как менялся текст гимна России?

▶3. Кто такие богатыри и бурлаки? Какие произведения русской литературы и живописи им посвящены?

▶4. Как вы поняли, что такое «музеесофия»? Где ещё, кроме музеев, мы находим следы исторической и культурной памяти?

ВЕРА ИЗНАЧАЛЬНАЯ

Дом старообрядцев*

Многие культурологи — и отечественные, и зарубежные — отмечают, что русские удивительно легко меняют быт: интерьер, одежду, утварь... Российский быт в результате тотальных реформ и революций практически до неузнаваемости меняется каждые 30—40 лет.

Одно из немногих исключений — быт старообрядцев (иначе — староверов*, раскольников*).

В XVII веке патриарх Никон реформировал русскую церковь. Говоря современным языком, он решил ввести общегосударственные стандарты: как креститься, как ходить вокруг алтаря[1] и т. д.

Реформы вызвали бурный[2] протест. Начался раскол. Раскольников-старообрядцев жестоко преследовали. Казнили. Ссылали.

Или староверы сами бежали — на Север, в Сибирь, в Забайкалье*, в Молдавию, на Аляску... Россия — самая большая страна в мире во многом благодаря старообрядцам, которые осваивали малозаселённые и труднопроходимые земли.

Там, на этих землях, они обосновывались[3] и твёрдо держались за старую веру и за старый быт. Не молились иконам нового письма, переписывали церковные книги по старому образцу (среди староверов было много грамотных людей).

Дом-двор Русиновых* — типичный старообрядческий дом, сохранивший почти всё от быта четырёхсотлетней давности. Похожие раскольничьи дома вы можете увидеть и в Бурятии*, и в Румынии, и в США, и в Канаде, и в Австралии.

Конструкция дома — пятистенок. Пятая, внутренняя стена отделяет жилую часть от молельной[4]. К дому вплотную примыкает[5] двухэтажный двор, где велось хозяйство всей многодетной семьёй. Именно староверы, кстати, на протяжении веков решали демографическую проблему России.

Хозяйство простое и основательное. Раскольники всегда были зажиточными[6] людьми, но жили более чем скромно.

Локомотивом[7] русского экономического чуда начала XX века, трагически прерванного Первой мировой войной*, а затем революцией, были именно купцы[8]-старообрядцы, в основной своей массе талантливые промышленники и предприниматели.

Любая малая деталь в доме-дворе Русиновых — это путешествие на полтысячелетия, а то и более назад, в прошлое.

Особый конёк* на крыше дома (он же охлупень*, князёк*, шелом*) — древнейший оберег*, восходящий ещё к языческой эпохе.

Так называемые очелья*, воспроизводящие лобовой[9] («чельной» — от «чело») щиток[10] женского головного убора кокошника*, — не менее древние.

Это самый древний вид русских наличников. При этом все узоры на очельях — разные. Повторяться было нельзя, потому что слепое[11] тиражирование[12] — это «бесовщина*».

По этой же причине староверы не признают массовую культуру. Например, настоящий старовер никогда не будет носить одежду с конвейера[13]. Только свою, домотканую[14]. Он никогда не будет есть из «серийной» посуды, только из своей, «чистой», освящённой и покрытой неповторимой росписью[15].

Академик Д.С. Лихачёв* писал, что культура — это глубина исторической памяти. Здесь, в доме-дворе Русиновых, эта глубина абсолютна. И это не размытая[16], умозрительная[17], абстрактная глубина, а глубина конкретная, предметная. И каждая бытовая де-

таль — конкретная единица памяти, бережно сохранённая многими поколениями староверов.

И может быть, именно благодаря староверам мы научимся более бережно относиться к своему прошлому.

Комментарий

[1] **алтарь** — главная, восточная часть церкви, отделённая в православных храмах уставленной иконами стеной — иконостасом

[2] **бурный** — чрезвычайно сильный. *С какими существительными сочетается это прилагательное?*

[3] **обосноваться/обосновываться** — прочно устроиться/устраиваться где-н., обжиться/обживаться. *Как значение этого слова связано с его внутренней формой?*

[4] **молельная** — молельня — помещение для религиозных собраний, служб и молитв

[5] **примкнуть/примыкать** — находиться рядом, вплотную с чем-л.

[6] **зажиточный** — состоятельный, живущий в достатке, богатый

[7] **локомотив** — движущая сила. *Знаете ли вы прямое значение этого слова?*

[8] **купец** — лицо, владеющее торговым предприятием, занимающееся частной торговлей

[9] **лобовой** — *От какого существительного образовано это прилагательное?*

[10] **щиток** — твёрдая пластинка. *Какие значения слова «щит» вы знаете?*

[11] **слепой (о тиражировании)** — книж. действующий не рассуждая, без разумных оснований, понимания чего-л. *Какое прямое значение слова «слепой» вы знаете?*

[12] **тиражирование** — от **тиражировать** — массово воспроизводить, копировать

[13] **конвейер** — промышленное устройство, связанное с автоматизированным и непрерывным производством

[14] **домотканый** — сделанный кустарным способом, дома. *Как вы объясните значение глагола «ткать»?*

[15] **роспись** — рисунок на стене или на каком-л. изделии. *Что означает глагол «расписать/расписывать»?*

[16] **размытый** — неясный, нечёткий, расплывчатый. *От какого глагола образовано это прилагательное?*

[17] **умозрительный** — *книж.* абстрактный, отвлечённый

II

старообрядцы (староверы, раскольники) — противники церковных реформ патриарха Никона; жестоко преследовались царским правительством, уходили на Север и в Сибирь, где до сегодняшнего дня существуют старообрядческие деревни; старообрядчество, лишённое единой организации, быстро разделилось на множество сект и в настоящее время не играет серьёзной роли в религиозной жизни России

Основные черты старообрядчества:
— двуперстие при крестном знамении;
— крещение только путём троекратного полного погружения;
— исключительное использование восьмиконечного распятия; четырёхконечное распятие не используется, поскольку считается латинским; почитается простой четвероконечный крест (без распятия);
— написание имени Исус с одной буквой «и», без новогреческого добавления второй буквы (Иисус);
— не допускаются светские типы пения; церковное пение остаётся строго унисонным; в старообрядческой церкви пению уделяется высокое воспитательное значение,

петь надо так, чтобы «звуки поражали слух, а заключающаяся в них истина проникала в сердце»; певческая практика не признаёт классическую постановку голоса, молящийся человек должен петь своим естественным голосом, в фольклорной манере; состав церковного хора был исключительно мужским, но из-за малочисленности певцов в настоящее время практически во всех старообрядческих моленных и церквях основу хоров составляют женщины;

— крестный ход совершается по солнцу (по часовой стрелке);

— в большинстве течений одобряется присутствие христиан в древнерусской молитвенной одежде: кафтанах, косоворотках, сарафанах

Забайкалье — историко-географическая область России к югу и востоку от озера Байкал; здесь расположены Забайкальский край, бо́льшая часть Бурятии и часть Иркутской области

Дом-двор Русиновых — типичный образец северной (Архангельская область) усадьбы, которая включала в себя жилой дом, подсобные помещения, место для содержания домашних животных, места для хранения продуктов и утвари, мастерские и т. д.; ориентировочное время постройки — середина XVII века

Бурятия — республика в Восточной Сибири, столица Бурятии — Улан-Удэ

Первая мировая война (1914–1918) — война между двумя коалициями держав, Антантой и странами Центрального блока, за передел мира, колоний и сфер влияния; первый военный конфликт мирового масштаба, в который были вовлечены 38 из существовавших в то время 59 независимых государств (2/3 населения земного шара)

конёк, охлупень, князёк, шелом — *обл.* деталь крыши, деревянная скульптура изображения лошади на традиционных русских избах; о́берег — *обл.* предмет, способный, по суеверным представлениям, охранять от разных бедствий, а также заклинание, произносимое с этой целью

очелье — твёрдая повязка на лоб (берестяная, лубяная, тканая, металлический обод) для поддержания волос; очелья носили как женщины, так и мужчины всех сословий; встречаются и среди элементов церемониальной одежды: свадебной, похоронной или праздничной; одна из основных функций очелья — обережная, то есть защита от злых сил

кокошник — от *др.-рус.* кокошь 'курица' — старинный женский головной убор с высоким расшитым полукруглым щитком в виде гребня вокруг головы; часть русского традиционного костюма

бесовщина — проявление сатанизма, дьявольщина, чертовщина; понятие было введено Ф. М. Достоевским, который под бесовщиной понимал различные проявления нигилизма в русском характере

Лихачёв Дмитрий Сергеевич (1906—1999) — русский филолог, историк культуры, искусствовед; один из наиболее значимых исследователей древней русской литературы

Вопросы

▶ 1. Кого называют старообрядцами? Какова история их появления в России? В чём особенности веры старообрядцев, их мировоззрения, традиций и быта?

▶ 2. Кого из известных русских старообрядцев вы знаете? Какие произведения русской живописи и литературы посвящены старообрядцам?

▶ 3. Какова роль старообрядцев в истории России?

▶ 4. В чём заключаются особенности современного русского быта? Каковы основные сходства и различия русского быта и повседневного уклада жизни в вашей стране?

ЕГИПЕТСКИЙ ПАВИЛЬОН

Музей-усадьба «Останкино»*

«Египетским» этот павильон называется потому, что в его интерьере, на четырёх симметрично расположенных печах, присутствуют изображения египетских сфинксов*. Больше ничего египетского здесь нет. Чистейший русский, вернее — московский классицизм. Без египетских мотивов в конце XVIII — начале XIX века обойтись в архитектуре и интерьере было никак нельзя. В 1798–1799 годах Наполеон совершил свой знаменитый поход в Египет*. Его, в частности, сопровождал некто ба-

рон Денон*, опубликовавший после похода альбом с египетскими гравюрами. И Египет тут же вошёл в моду. Без сфинксов, лотосов* и папирусов* было тогда так же невозможно, как сейчас — без башенок на подмосковных особняках*.

Графы Шереметевы* владели усадьбой Останкино* с 1743 до 1917 год. Египетский павильон был отстроен в 1790-х годах по проекту В. А. Бренны*. И сохранился почти в первозданном[1] виде. Те же сфинксы, как бы охраняющие зал. Та же мраморная богиня здоровья Гигиея*, дочь Асклепия*. Она, по преданию, раньше украшала «подримское» поместье[2] римского императора Адриана*, а теперь украшает подмосковное поместье русского графа Шереметева. Вполне символично, Третий Рим* всё-таки...

Архитектура архитектурой[3], но Останкинский дворец — это прежде всего театральный дворец. Здесь долгие десятилетия функционировал крупнейший в России крепостной театр*. С 1770-х годов Шереметевский театр располагался в Москве, на Никольской улице*, потом был перенесён в Кусково* и, наконец, графом Н. П. Шереметевым — в Останкино.

Центральный большой театральный зал, два боковых — «Итальянский» и «Египетский», двухэтажное «машинное отделение» для создания театральных спецэффектов (так называемых иллюзий) и для превращения театра в «воксал» (зал для банкетов и балов) — всё это было по тем временам истинным чудом техники и, так сказать, русским театральным Голливудом*.

Вообще, крепостной театр — очень русский феномен. Он просуществовал почти сто лет. Такие театры были у Нарышкиных*, Волконских*, Одоевских*, Столыпиных*, Трубецких*, Орловых*... Всего их насчитывалось более 170, из них 53 — в Москве. Сейчас в Москве, кстати, 250 театров.

Конечно, крепостные театры — это гаремы[4], барский произвол[5] и прочее, но всё же они сыграли колоссальную роль в развитии русского театрального искусства. Сам М. С. Щепкин*, как известно, вышел из крепостных актёров.

У Шереметевых всё было поставлено честно и в высшей степени профессионально. Более сотни произведений в репертуаре, множество имён, вошедших в историю искусства. Например, знаменитая крепостная актриса П. Жемчугова*, ставшая женой Н. Шереметева*.

Египетский павильон — один из самых уютно-камерных[6] и гармоничных пространств не только в Останкинском дворце, и даже не только в архитектуре русского классицизма. Абсолютная гармония пространства, цвета, акустики. Таких шедевров и в мировой архитектуре насчитываются единицы. Безупречно[7] рассчитанное золотое сечение*. Безукоризненный дизайнерский «фэншуй*». Шедевр русской культуры.

Специалисты по психоэргономике* утверждают, что несколько минут, проведённых здесь, дают мощнейший терапийный[8] эффект. Попробуйте...

Комментарий

[1] **первозданный** — такой, каким был в самом начале, нетронутый

[2] **поместье** — земельное владение помещика, имение

[3] **архитектура архитектурой, но...** — что? + чем? (но, а, только...) — структура, которая употребляется для того, чтобы показать, когда кроме чего-то главного есть и другое, что тоже важно

[4] **гарем** — *разг.* любовницы какого-н. человека из числа зависящих от него в социальном отношении, его подчинённых. *Каково прямое значение этого слова?*

[5] **произвол** — деспотизм, своеволие

[6] **камерный** — предназначенный для небольшого круга людей

[7] **безупречно** — от **безупречный** — идеальный, безукоризненный. *Как внутренняя форма этого слова отражает его значение?*

[8] **терапийный** — *окказ.* от **терапия** – *др.-греч.* θεραπεία 'лечение'

Музей-усадьба «Останкино», Останкинский дворец — памятник русской архитектуры XVIII века, расположенный на территории современного Останкинского парка; единственное сохранившееся в России театральное здание конца XVIII века со сценой, зрительным залом, гримёрными; ближайшая станция метро — «ВДНХ»

сфинкс, лотос, папирус — культурные, исторические и природные объекты, с которыми ассоциируется Египет

башенки на подмосковных особняках — элемент «лужковского новодела» в московской архитектуре 90-х годов XX века (см. также комментарий на с. 96)

поход Наполеона в Египет — кампания, предпринятая в 1798–1801 годах по инициативе и под непосредственным руководством Наполеона Бонапарта, главной целью которой было завоевание Египта

барон Денон (Доминик Виван) (1747–1825) — французский гравёр, египтолог-любитель, основатель и первый директор Луврского музея

графы Шереметевы — старинный русский боярский род; Николай Петрович Шереметев (1751–1809) — один из наиболее известных представителей рода, покровитель искусств, меценат, музыкант

Бренна Викентий (Винченцо) Францевич (1747–1820) — придворный архитектор императора Павла I

Гигиея, дочь Асклепия — богиня здоровья в греческой мифологии

император Адриан — римский император в 117–138 годах; третий из «пяти хороших императоров», уделявший большое внимание строительству театров и библиотек

Третий Рим — формулировка «Москва — третий Рим» (XVI век) содержится в послании игумена псковского Елизарова монастыря Фелофея Великому князю Московскому Василию III; тезис «Первые два Рима погибли, третий не погибнет, а четвёртому не бывать» получил на Руси широкое распространение

крепостной театр — в России до отмены крепостного права в 1861 году частный театр дворянина, состоявший из крепостных актёров, принадлежавших ему по праву собственности

Никольская улица — одна из главных улиц Китай-города в Москве; проходит от Красной площади до Лубянской площади

Кусково — бывшее имение графов Шереметевых, где сохранился архитектурно-художественный ансамбль XVIII века; находится на востоке Москвы; ближайшая станция метро — «Рязанский проспект»

Голливуд — район Лос-Анджелеса (штат Калифорния); традиционно ассоциируется с американской киноиндустрией, поскольку в этом районе находится много киностудий и живут известные киноактёры

Нарышкины — старинный русский дворянский род, к которому принадлежала мать Петра I, Наталья Кирилловна

Волконские — русский княжеский род, который предположительно происходит от ветви Рюриковичей

Одоевские — русский княжеский род, одним из наиболее известных представителей которого был Владимир Фёдорович Одоевский (1803—1869) — писатель, философ, педагог, музыкальный критик; на нём род прекратился

Столыпины — русский дворянский род, одним из наиболее известных представителей которого был Пётр Аркадьевич Столыпин (1862—1911) — российский государственный деятель, премьер-министр

Трубецкие — род литовских и русских князей; среди известных представителей рода был Николай Сергеевич Трубецкой (1890—1938) — лингвист и философ евразийского направления

Орловы — несколько русских княжеских, графских и дворянских родов, некоторые из которых возвысились при вступлении на престол Екатерины II

Щепкин Михаил Семёнович (1788—1863) — русский актёр, один из основоположников русской актёрской школы; в Москве имя М. С. Щепкина носит высшее театральное училище

Жемчугова Прасковья Ивановна (1768—1803) — русская актриса и певица, крепостная графов Шереметевых, ставшая женой Н. П. Шереметева

золотое сечение — *терм.* универсальное проявление структурной гармонии; встречается в природе, науке и искусстве; заключается в том, что меньшая часть относится к большей, как большая ко всему целому

фэншуй — даосская практика организации пространства; с помощью фэншуй якобы можно выбрать лучшее место для строительства дома или, например, захоронения

психоэргономика — *терм.* метод диагностики и лечения психиатрических заболеваний и расстройств, основанный на индивидуальном подходе к пациенту, с учётом его личностных особенностей

Вопросы

▶ 1. Почему один из залов усадьбы «Останкино» называется «египетским павильоном»? Когда была построена усадьба? Где она находится? Кто её архитектор? С какими известными именами связана эта усадьба?

▶ 2. Какова связь усадьбы «Останкино» с историей возникновения русского театра? В чём особенность русского крепостного театра? Какие топонимы Москвы связаны с театральной жизнью города?

▶ 3. В чём суть концепции «Москва — Третий Рим»? Кем был её автор? Что известно о его последователях?

▶ 4. Какие русские и мировые театральные школы и направления вы знаете? В каких русских городах находятся старейшие театры?

БАЛАЛАЙКИ
С. И. НАЛИМОВА*

В экспозиции Государственного центрального музея музыкаль-ной культуры имени М. И. Глинки*, в котором хранятся более 800 тысяч экспонатов, впечатляет всё. От скрипки Страдива-ри* до вертикального фортепиано типа «Жираф»*.

Тем не менее хотелось бы рассказать о наших балалайках. Потому что история балалайки — это история нашей культуры в миниатюре.

Вроде бы балалайки существовали издавна. Из-вестны они с петровской эпохи*, с 1715 года, но иг-рали на них, наверное, и раньше. Русские люди играли на балалайках в деревнях, на завалинках[1] и в трактирах[2]. И здорово играли, виртуозно! И (тут — чисто русская интрига) никто их как бы не замечал. Как Надя — Женю в «Иро-нии судьбы»*. Ну[3], играют и играют... Пусть играют.

Балалайка была чем-то само собой разумеющимся[4], неким бытовым элементом национального «пейзажа», который вовсе не обязательно описывать, изучать. Не говоря уже о том, чтоб восхищаться. Это особенность русских: каждый зарубежный культурный чих* вызывал очередной приступ обожания[5], а своё — бог с ним[6].

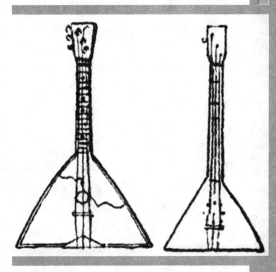

Гусли* заметили раньше: всё-таки былинный* инструмент, Садко* и всё такое[7]... А балалайку — нет. Да и название какое-то легкомысленное. Некоторые филологи, кстати, даже полагали, что «балалайка» — нерусское, тюркское слово.

И только в 80-е годы XIX века балалайку наконец-то приметили: В. Андреев*, В. Иванов*, Ф. Пасербский* и гениальный русский «балалаечный Страдивари»* Семён Иванович Налимов*.

С С. И. Налимовым опять же всё по-нашему. Простой столяр[8] из Вологодской губернии*. «Забрили[9]» его на службу. Отслужил. Дослужился до фельдфебеля[10]. Ехал из армии домой. Выпил в пути лишнего на радостях[11]. Потерял деньги. Долго скитался[12] по подработкам (без денег до родной деревни не доехать[13]). Совершенно случайно попал к Василию Васильевичу Андрееву*, в будущем организатору первого оркестра русских музыкальных инструментов. Тот увидел, что у столяра Налимова золотые руки[14], и приобщил его к изготовлению балалаек. А если бы Семён Иванович не выпил на радостях? И не потерял деньги? Что тогда? Страшно подумать.

С. И. Налимов за свою жизнь создал более 170 балалаек-шедевров. И ещё 115 домбр*.

Балалайка — это вроде бы что-то очень простое (три струны), но в сущности[15] — это инструмент удивительный. Именно в своей кажущейся простоте. И балалайки С. И. Налимова — это как 170 подкованных лесковским* Левшой* блох. Причём все 170 балалаек разные. Поют на разные лады[16]. И ценились они, кстати, очень высоко. Балалайка С. И. Налимова стоила до 300 рублей. Огромные деньги по тем временам.

Не случайно в 1889 году, всего через пару-тройку лет после того, как балалайку «заприметили», на Парижской выставке* ансамбль русских балалаечников произвёл настоящий фурор[17].

С тех пор балалайка стала одним из символов России.

Комментарий

[1] **завалинка** — невысокая, обычно земляная насыпь, образующая выступ вдоль наружных стен дома, сделанная для его утепления и часто используемая как место для сидения

[2] **трактир** — *устар.* ресторан с невысокими ценами, закусочная со спиртными напитками. *В чём различие в значении слов «ресторан», «трактир», «закусочная», «кабак», «харчевня», «шалман», «шинок», «пивная», «рюмочная», «забегаловка»?*

[3] **ну** — частица, выражающая в данном контексте условное допущение

[4] **само собой разумеющееся** — естественное, привычное, не требующее дополнительных пояснений

[5] **приступ обожания** — *На чём основан этот оксюморон?*

[6] **бог с ним** — *разг.* не важно, не имеет значения

[7] **всё такое** — *разг.* и так далее, и тому подобное

[8] **столя́р** — рабочий, изготавливающий что-л. из дерева

[9] **забрить (на службу)** — *разг., устар.* взять в солдаты, признав годным к военной службе. *Как это значение связано с прямым значением глагола «брить»?*

[10] **фельдфебель** — в русской армии до 1917 года, а также в некоторых других армиях чин старшего унтер-офицера, то есть младшего командного состава из солдат

[11] **на радостях** — *разг.* по случаю радостного, приятного события или удачи в чём-л.

[12] **скитаться** — *книж.* бродяжничать, странствовать, не имея постоянного места жительства. *Как значение этого слова связано с его этимологией?*

[13] **не доехать** — *Какое значение передаёт сочетание частицы «не» и глагола в неопределённой форме сов. в.?*

[14] **(у кого-л.) золотые руки** — о мастере, искусном в своём деле. *Как вы понимаете значение сочетаний «золотой(-ая, -ое, -ые) горы, мешок, осень, время, пора, век, дождь, сердце, человек, сечение, голова, жила, свадьба, молодёжь, рыбка»?*

[15] **в сущности** — на самом деле, говоря по существу

[16] **(петь) на разные лады** — *разг.* по-всякому, разными способами

[17] **произвести/производить фурор** — прославиться/прославляться, произвести/производить сенсацию

Налимов Семён Иванович (1857–1916) — русский мастер по изготовлению народных музыкальных инструментов — балалаек, домбр, гуслей

Государственный центральный музей культуры им. М. И. Глинки — музейное объединение, включающее в себя филиалы по всей Москве; главное здание расположено на ул. Фадеева, д. 4; ближайшая станция метро — «Маяковская»

Страдивари Антонио (1644—1737) — итальянский мастер струнных музыкальных инструментов; скрипки Страдивари считаются эталоном формы и звучания и являются самыми дорогими

вертикальное фортепиано типа «Жираф» — фортепиано, распространённое в конце XVIII — начале XIX века; напоминает рояль, часть корпуса которого установлена вертикально над клавиатурой

петровская эпоха — эпоха правления Петра I (1689—1725). *Что вы знаете о деятельности первого российского императора?*

«Иронии судьбы» — «Ирония судьбы, или С лёгким паром» — знаменитая комедия Эльдара Рязанова (1975), сюжет которой основан на наметившейся стандартизации советской жизни: скромный врач Женя, жених девушки Гали, пошёл 31 декабря с друзьями в баню, выпил и был посажен по ошибке на ленинградский рейс; очнулся в привычной для себя домашней обстановке в доме на ул. Строителей — только не в Москве, а в Ленинграде, в квартире представительницы столь же типовой профессии — учительницы Нади. Известны следующие фразы из фильма: *На правду нельзя обижаться, даже если она горькая | Какая гадость эта ваша заливная рыба! | Нашлись добрые люди... Подогрели, обобрали. То есть подобрали, обогрели | Как скучно мы живём! В нас пропал дух авантюризма, мы перестали лазить в окна к любимым женщинам, мы перестали делать большие хорошие глупости | — Вы замужем? / — Ну, какое это имеет значение? / — Значит, не замужем | — Зачем вы пошли в баню? У вас что, дома ванной нету? / — Вам этого не понять | — Мне кажется, один из нас сумасшедший. / — Я догадываюсь, кто | Пить надо меньше! Надо меньше пить!*

культурный чих — обыгрывание фразеологизма «на каждый чих не наздравствуешься» — *разг.* на всех своим поведением не угодишь (совет не обращать внимания на чьи-л. высказывания, поступки, действия). *Как вы понимаете эту языковую игру?*

гусли — русский, украинский и белорусский струнный щипковый (от 5 до 14 струн) музыкальный инструмент, который упоминается в сказках, былинах, песнях и поговорках; напоминает арфу, лиру и кифару; **домбра** — русский струнный щипковый (3 или 4 струны) музыкальный инструмент; двухструнная домбра существует также в культуре казахского народа

былинный — описываемый, воспеваемый или достойный воспевания в былине — древнерусской народной песне о героических событиях или примечательных эпизодах национальной истории XI—XVI веков

Садко́ — герой русских былин новгородского цикла, мастер игры на гуслях

Андреев Василий Васильевич (1861—1918) — русский музыкант, организатор и руководитель первого в истории России оркестра народных инструментов, композитор, балалаечник-виртуоз. *Как вы думаете, какие музыкальные инструменты были в оркестре В. В. Андреева?*

Иванов Владимир Васильевич — петербургский скрипичный мастер, изготовивший первую концертную балалайку (1886)

Пасербский Франц Станиславович (1830—1904) — петербургский мастер-конструктор музыкальных инструментов; изготовлял балалайки, домбры, гусли, гудки, гитары, мандолины, цитры

Вологодская губерния — Вологодская область — субъект Российской Федерации, входит в состав Северо-Западного федерального округа; граничит с Новгородской, Архангельской, Кировской, Костромской, Ярославской, Тверской и Ленинградской областями, а также Республикой Карелия

Лесков Николай Семёнович (1831—1895) — известный русский писатель и публицист, автор романов, повестей и рассказов, таких как «Некуда», «Леди Макбет Мценского уезда», «На ножах», «Соборяне» и др.; в повести «Левша»

(1881) рассказывается о тульском мастере Левше, сумевшем подковать изготовленную в Англии стальную блоху. Известны следующие афоризмы Н.С. Лескова: *По обдуманным поступкам не узнаешь, каков человек, его выдают поступки необдуманные | Горе одного только рака красит | Ах красота, красота, сколько из-за неё делается безобразия | Любовь не может быть без уважения | Людям ложь вредна, а себе ещё вреднее | Не надо забывать старого правила: кто хочет, чтобы с ним уважительно обходились другие, тот прежде всего должен уважать себя сам | Снисхождение к злу очень тесно граничит с равнодушием к добру.*

Парижская выставка — Всемирная выставка 1889 года, проходившая в Париже, на которой, в частности, впервые было продемонстрировано электричество

Вопросы

1. Что можно посмотреть в Государственном центральном музее музыкальной культуры имени М. И. Глинки? Что вы узнали об истории создания этого музея?

2. Почему есть все основания полагать, что история балалайки — это история русской культуры в миниатюре? Какие ещё символы русской культуры, кроме балалайки, вы знаете?

3. О каких русских народных музыкальных инструментах вы узнали? Почему гусли иногда называют «былинным инструментом»? Какие русские композиторы посвятили себя народной музыке? Какие народные музыкальные инструменты есть в вашей стране?

4. Почему Семёна Ивановича Налимова называют «балалаечным Страдивари»? Что вы узнали об этом мастере?

БАННЫЙ ГОРОДОК*

Музей «Малые Корелы»

Н еизвестно, сколько было поморов в XVI веке, но впервые — как жители Поморья — они были упомянуты именно тогда, почти полтысячелетия назад. Судя по всему, их было несколько десятков тысяч.

Поморы — уникальный российский народ. По-научному — субэтнос*. Они произошли от карелов (финно-угорского племени карела) и русских жителей преимущественно Новгородской зем-

ли*. Основное в их жизни — море, Белое и Баренцево, и всё, что с ним связано: торговля, рыбная ловля, добыча жемчуга[1] в устьях[2] рек. Кроме этого, сельское хозяйство, соляной промысел. На своих кочах (небольших парусных судах) они, что называется, бороздили[3] моря вдоль и поперёк[3], уходя на десятки и сотни километров от берега.

Торговали поморы в основном с норвежцами*, говоря с ними на уникальном смешанном языке руссенорск[5].

У поморов всё было уникально.

Уникален в первую очередь язык с совершенно неповторимой, почти космической образностью[4]. И вместе с тем — с феноменальным юмором. К примеру, по-поморски сердитый человек — «грибан[5]», окно — «глаз[5]», белолицая красавица — «белянка[5]».

«Увидал, выходит дело, грибан в глазу беляночку и с сердца спал[6]». Уникальна способность поморов рассказывать, повествовать. Поморские сказки — «северный сказ», невероятно выразительный. Почитайте, например, тексты Б. Шергина* или С. Писахова*. Кстати, поморы говорят тихо. Повышать голос у них не принято, потому что это дурной тон, признак «грибанства[5]».

Уникален быт поморов, простой, ясный и здоровый. Уникальна, в частности, и поморская баня.

Русская баня вообще — феномен, ещё до конца не оценённый культурологами. Русская баня — явление глубоко геополитическое. Западная, европейская (финская) сауна — сухой воздух, жар, дерево, огонь. Восточный, азиатский, персидско-тюркский хаммам — мокрый воздух, влага, вода, камень. Русская баня — евразийский синтез огня, воздуха, воды, камня и дерева. Да ещё здесь обязательны веники*. А что такое веник? Листва, «дети земли».

Вот и получается четырёхстихийный очистительный синтез огня, воды, земли и воздуха. В сущности[7], русская баня — это вселенная в миниатюре.

Поморы знали толк[8] в бане. В разные эпохи они парились и по-чёрному*, и по-белому*, и по-карельски. По-карельски — это когда костром нагреваются камни, затем костёр тушится, и над раскалёнными камнями делается импровизированная палатка[9] — и баня готова. Походный вариант.

Поморские банные городки с их километровыми деревянными «улицами», «лестницами-подъёмниками», «площадями», «колоннами-сваями», с одной стороны, создавались, чтобы бороться с разливами[10] и подтоплениями[11]. То есть были чётко продуманными утилитарными сооружениями, аналогов в мире нет. Но с другой — это глубоко сакральные[12] места.

На Руси говорили: «Игогонница* готова — ерихониться* пора». То есть пора «гнать иго*» и биться вениками (от библейского Иерихона*). Эту сакральность может ощутить любой посетивший «игогонницы» в Мезенском секторе музея «Малые Корелы»*. «Ерихониться» не обязательно.

Комментарий

I

[1] **жемчуг** — драгоценные перламутровые образования разной формы белого, розового или чёрного цвета, возникающие в раковинах некоторых моллюсков

[2] **устье** — конечный участок реки, место впадения реки в озеро, море или другую реку. *Как называется место начала реки?*

[3] **бороздить моря вдоль и поперёк** — много плавать по морю, пересекая его в разных направлениях

[4] **космическая образность** — *Как вы понимаете эту метафору?*

[5] **руссенорск, грибан, грибанство, глаз, белянка** — *Как внутренняя форма этих слов связана с их значением?*

[6] **спать с сердца** — *диал.* влюбиться

[7] **в сущности** — на самом деле, говоря по существу

[8] **знать толк** — *разг.* очень хорошо разбираться в чём-л.

[9] **палатка** — временное, обычно летнее помещение из непромокаемой плотной ткани или шкуры

[10] **разлив** — от **разлиться** — выйти из берегов

[11] **подтопление** — от **подтоплять** — частично заливать водой

[12] **сакральный** — *книж.* относящийся к религиозному культу, обрядовый, ритуальный. *В чём различие в значении слов «сакральный», «священный» и «святой»?*

II

банный городок — от **баня** — помещение, оборудованное для мытья человека с одновременным действием воды и пара (в русской и финской бане); включает в себя целый комплекс действий — топить, сушить, парить, париться, хлестать веником (берёзовым, дубовым, можжевеловым и др.) и т. д., а также множество банных атрибутов — веник, шайка, парная, банная шапочка и др.; баня по-чёрному (чёрная баня) — самый древний русский вариант бани; такая баня наиболее экономна в отношении расхода топлива и потерь тепла, поскольку очаг с камнями устроен прямо в парилке, а дымоход отсутствует; в бане по-белому (белой бане) топка отделена от парилки, есть дымоход и весь дым выходит на улицу; есть предбанник — помещение для отдыха

субэтнос — *терм.* компактно проживающее сообщество людей, которые принадлежат к большему народу, но отличаются особенностями своей культуры, языком, более поздним, чем в момент зарождения общего этноса, географическим происхождением и осознают это отличие

Новгородская земля — одно из крупнейших территориально-государственных образований в истории восточной Европы; находилась на северо-западе и севере Руси; отсюда началась древнерусская государственность под властью династии Рюриковичей

норвежцы — жители Норвегии. *Знаете ли вы, кто такие варяги? Как называются жители Швеции, Дании и Финляндии?*

Шергин Борис Викторович (1893—1973) — русский писатель, фольклорист, публицист и художник

Писахов Степан Григорьевич (1879—1960) — русский писатель, этнограф, сказочник и художник, преподаватель живописи

Игогонница — от **гнать иго**, то есть гнёт чьего-л. владычества, господства; **ерихониться** — от **Иерихон** — древнейший город на Земле, неоднократно упоминаемый в Библии

«Малые Корелы» — музей под открытым небом, расположенный в 25 км к югу от Архангельска, на правом берегу Северной Двины; в настоящее время сформировано четыре сектора: Каргопольско-Онежский, Двинской, Пинежский и Мезенский, в них размещается порядка 120 памятников деревянного зодчества — церкви, часовни, избы, амбары, бани, колодцы, мельницы

Вопросы

1. Кто такие поморы? Что вы узнали из текста об истории происхождения этого народа? Какие территории России населяли поморы? В чём особенности их культуры и быта?

2. Как бы вы определили главную особенность языка поморов?

3. Где находятся Белое и Баренцево моря? Какие ещё моря омывают территорию России?

4. Почему русская баня называется в тексте «геополитическим явлением» и «вселенной в миниатюре»? Знаете ли вы о правилах мытья в русской бани? В чём польза и, возможно, вред русской бани? Сохранились ли традиции русской бани в настоящее время? Какие пословицы, поговорки, фразеологизмы со словом «баня» вы знаете?

РУССКИЙ САМОВАР

контроль

Музей «Тульские самовары» в Туле

Где и когда появился русский самовар? Точного ответа на этот вопрос нет. Известно, что в самом начале XVIII века самовар, изготовленный в Туле*, уже существовал, а немного позднее был перевезён на Урал*.

На Западе считают, что конструкцию самовара вывез из Голландии* Пётр Первый*. Это неверно. Действительно, он привёз из Голландии некое устройство для согревания воды, но классический русский самовар устроен принципиально иначе.

Здесь есть геополитическая мистика. Дело в том, что все народы, конечно же, всегда умели так или иначе греть воду. Свой «самовар» был у древних греков (с греческого это слово переводится как 'сосуд для кипячения'), у римлян ('машина для варки'), у китайцев, индийцев... Но именно на территории Евразии, то есть на территории Российской империи, затем СССР, наконец, и современной России и СНГ*, а также Монголии существует общий «алгоритм» самовара*. Конструкции эти очень разные, подчас[1] весьма причудливые[2], но принцип их работы один и тот же (кстати, это — принцип рус-

ской матрёшки): огонь — внутри, вода — снаружи. А не огонь — внизу, вода — вверху, как у других народов. Монголы, между прочим, так же жарят мясо: раскалённый камень кладётся внутрь туши[3] животного.

Самовар — это модель Земли и Человека: внутри горячее ядро (= сердце). И пока оно горячее — планета (= человек) жива. Кроме того, самовар — это в целом ещё и печка, согревающая помещение. То есть огонь — горячая вода — тёплый воздух. Очень практично для русской холодной зимы.

В эпоху «до самовара» русские согревались так называемым сбитнем, медовым напитком. Сбитенник, предшественник самовара, работал именно по «матрёшечному» принципу. Судя по всему, от сбитенника и произошёл самовар. После «эпохи сбитня» наступила «эпоха чая». Тут очень важно понять следующее.

На Руси чай, то есть китайский национальный напиток, начали пить намного раньше, чем в Европе. Точно известно, что уже Иван Грозный* в XVI веке пил чай. Это и понятно: Китай к России ближе, чем к Франции или Германии.

Голландцы привозят чай в Европу в 1610 году, а англичане — в 1644 году. Настоящий, цельнолистовой чай трудно поддавался перевозке морем: он портился. В XIX веке англичане стали производить свой чай в Индии. Его стали специально термически обрабатывать и резать. Чтобы лучше хранился. Но, с точки зрения китайцев, это уже какие-то консервы, а не настоящий свежий[4] чай.

В России с XVIII века чай и самовар прочно входят в быт. Дюма-отец*, автор знаменитого кулинарного словаря, писал: «Лучший чай пьют в Санкт-Петербурге и в целом по России». Русские считали, что в Европе чай пить не умеют. «Они варят его, как капусту», — писал И. А. Гончаров*.

Производство самоваров, особенно в Туле, становится массовым. Самовары продавались на вес. К примеру, медные самовары шли по 90 рублей за пуд (16 кг). А размеры могли быть самые разные: от 1 литра до 50 и более.

Самовар обязательно был в любом доме. Не иметь свой самовар было просто неприлично.

И ещё: философия самоварного чаепития у русских прямо противоположна знаменитой чайной церемонии в Китае или Японии. На Востоке чаепитие — это медитация* самоуглубления. В России, наоборот, чаепитие — это медитация единения. Самовар — глубоко соборный*, общинный* символ, символ откровенности, задушевности, понимания. Самоварное чаепитие солярно. Самовар — это как солнце, центр мира.

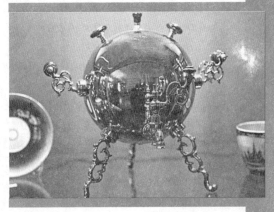

Существовало колоссальное количество типов самоваров. По форме самыми известными были самовары в виде банки, дули (груши), рюмки, вазы, яйца, шара. Самовар шёл в ногу[5] с развитием стилей в искусстве. Есть самовары классицистические*, неоготические*, ампир*, неогрек* (в виде амфор[6], кратеров[7] и т. д.), модерн* и т. п.

Это целый мир, который ещё очень мало изучен. В XX веке, с приходом советской индустриализации, самовар стал примитивнее. Он производился в советское время (с 1943 г.) и производится до сих пор на тульском заводе с говорящим названием «Штамп»*. Сейчас самоварное искусство начинает постепенно возрождаться, самовар опять входит в моду.

Самовар — гениальное изобретение. Он очень прост, невероятно экономен (умельцы в своё время кипятили 10-литровый самовар всего 20 еловыми шишками[8]!), очень долго держит тепло.

Символично, что первые самовары делали тульские оружейники. Знаменитый автомат «Калашников»* — это «брат» самовара. «Союз меча и орала»*. Они оба одинаково гениально просты, надёжны и безотказны[9]. Самовар — дом, семья, Родина, добро, мир. А «Калашников» — это защита от врагов, зла и войны.

Комментарий

[1] **подча́с** — *разг.* по временам, иногда, в отдельные моменты

[2] **причудливый** — сделанный необычным образом. *Какие однокоренные слова вы знаете? Что они означают?*

[3] **туша** — тело убитого животного

[4] **свежий** — *Какие значения этого слова вы знаете? Приведите примеры. Какие ант. и син. слова «свежий» вам известны?*

[5] **идти в ногу** — действовать, поступать, развиваться в соответствии с чем-л.

[6] **амфора** — от *др.-греч.* ἀμφορεύς 'сосуд с двумя ручками' — суживающийся книзу сосуд, широко распространённый в античном мире и Киевской Руси X—XII веков

[7] **кратер** — от *др.-греч.* κρατήρ 'большая чаша' — углубление на вершине вулкана, из которого при извержении выливается лава

[8] **шишка** — соцветие и плод хвойных и некоторых других растений округлой или овальной формы, покрытый чешуйками. *На каких деревьях растут шишки? Знаете ли вы другие значения слова «шишка»?*

[9] **безотказный** — работающий без остановок, неисправностей. *Как внутренняя форма этого слова связана с его значением?*

II

самовар — металлический сосуд для кипячения воды и приготовления чая; первоначально вода нагревалась в трубке, расположенной внутри и наполняемой дровами, шишками или углем, позже появились керосиновые, электрические и другие самовары; музеи самовара есть в Туле, Москве, Мышкине, Саратове, Касимове, Городце и других городах России. *Почему слово «алгоритм» в сочетании «"алгоритм" самовара» в тексте даётся в кавычках?*

Тула — город в России, административный центр Тульской области, расположенный на севере Среднерусской возвышенности в 193 км к югу от Москвы. *Что вы знаете о культурно-историческом значении Тулы?*

Урал — географический регион в России, основную часть которого составляет горная система; находится на стыке Европы и Азии и является границей между этими частями света. *Какие крупные города находятся на Урале?*

Голландия — одна из крупнейших и наиболее известных провинций Нидерландов (государства в Западной Европе), в силу чего Голландией часто называли всю страну; в русском языке это название получило широкое распространение после «Великого посольства Петра I», который именно в этой провинции учился корабельному делу

Пётр Первый (Великий) (1672–1725) — русский царь (1682–1725), император с 1721 года; великий государственный деятель, полководец, флотоводец, дипломат; провёл в России многочисленные реформы, определив тем самым основные направления развития страны в XVIII веке

СНГ (Содружество Независимых Государств) — созданная в 1991 году международная организация, призванная регулировать отношения между государствами, ранее входившими в состав СССР; в настоящее время в СНГ входят Россия, Азербайджан, Армения, Белоруссия, Казахстан, Киргизия, Молдавия, Таджикистан и Узбекистан

Иван Грозный (Иван IV) (1530—1584) — Великий князь (с 1533 г.), первый русский царь (с 1547 г.); провёл реформы суда и управления; при нём была создана первая типография в Москве, началось присоединение Сибири; внутренняя политика Ивана Грозного сопровождалась жестокими репрессиями и усилением закрепощения крестьян

Дюма-отец Александр (1802—1870) — французский писатель, драматург, журналист, один из самых читаемых французских авторов; написал романы «Граф Монте-Кристо», «Три мушкетёра» и многие другие известные во всём мире произведения; сына Дюма тоже звали Александром, и он тоже был писателем, поэтому для предотвращения путаницы при упоминании Дюма-старшего часто добавляют уточнение «-отец»

Гончаров Иван Андреевич (1812—1891) — известный русский писатель и литературный критик, создавший романы «Обломов», «Обрыв», «Обыкновенная история», книгу очерков «Фрегат "Паллада"» и другие произведения. Известны следующие афоризмы И. А. Гончарова: *Умные женщины любят, когда для них делают глупости, особенно дорогие. Только они любят при этом не того, кто делает глупости, а другого* | *Глупая красота — не красота. Вглядись в тупую красавицу, всмотрись глубоко в каждую черту лица, в улыбку её, взгляд — красота её превратится мало-помалу в поразительное безобразие* | *Жизнь — борьба, в борьбе — счастье* | *Ум везде одинаков: у умных людей есть одни общие признаки, как и у всех дураков, несмотря на различие наций, одежд, языка, религий, даже взгляда на жизнь.*

медитация — от *лат.* meditatio 'размышление' — *терм.* род психических упражнений, используемых в духовно-религиозной или оздоровительной практике, или же особое психическое состояние, возникающее в результате этих упражнений

соборный — всеобщий, совместный, совершаемый всеми вместе; ключевое понятие русской религиозной философии, означающее свободное духовное единение людей как в церковной жизни, так и в мирской общности, общение в братстве и любви; общинный — от община — в противоположность западноевропейскому индивидуализму самобытная форма землевладения в России, представляющая собой альтернативу частной собственности на землю

классицистический — от **классицизм** — художественный стиль, одной из важнейших черт которого было обращение к формам античного искусства как к идеальному эстетическому эталону; неоготический — от неоготика — распространённое направление в архитектуре, возрождавшее формы средневековой готики — архитектурного стиля, для которого характерны арки с заострённым верхом, узкие и высокие башни и колонны, богато украшенный фасад с резными деталями и многоцветные витражные окна; все элементы стиля подчёркивают вертикаль; ампир — относится к так называемым «королевским стилям», которые характеризуются театральностью в оформлении построек и интерьеров; особенность архитектурного ампира заключается в обязательном наличии колонн, лепных карнизов и других классических элементов, а также в использовании мотивов античных скульптур; архитектурный неогрек — стиль, возникший в 1820-х годах, основанный на возвращении к классическим греческим образцам; отличается от классицизма и ампира подчёркнуто археологическим, детальным подходом к воспроизведению греческой классики, очищенной от влияния древнеримской архитектуры; в России, прежде всего в Москве, вошёл в моду в конце 1860-х годов и продержался до прихода стиля модерн в конце XIX века; модерн — художественное направление в архитектуре, декоративно-прикладном и изобразительном искусстве, наиболее распространённое в конце XIX — начале XX века; отличительными особенностями модерна являются отказ от прямых линий и углов и интерес к новым технологиям

«Штамп» — Машиностроительный завод «Штамп» им. Б. Л. Ванникова — одно из старейших предприятий

Тулы; выпускает машиностроительную продукцию гражданского и оборонного назначения. *Как вы думаете, почему название этого завода является «говорящим»?*

автомат «Калашников» — автомат, названный в честь его конструктора Максима Тимофеевича Калашникова (1919–2013)

«Союз меча и орала» — *разг., ирон.* о каких-л. фиктивных, не дающих ничего положительного объединениях людей, предприятиях; выражение пришло из романа И. Ильфа и Е. Петрова «Двенадцать стульев» (1928) — придуманное Остапом Бендером, главным героем романа, название несуществующей подпольной дворянской организации; возможно, связано с пушкинским выражением «союз меча и лиры» из трагедии «Борис Годунов». *Как вы думаете, в этом ли значении данное выражение использовано в тексте?*

Вопросы

▶ 1. Когда самовар появился на Руси? В чём основные особенности конструкции русского самовара? Какой русский город известен своими самоварами? Какие есть виды самоваров? В чём основные отличия русского самовара от похожих устройств для согревания воды, существующих в других культурах?

▶ 2. Почему самовар можно считать «моделью Земли и Человека»? В чём символическое значение самовара?

▶ 3. Как можно согреться в холодную русскую зиму?

▶ 4. Когда на Руси появилась традиция чаепития, в чём её основные особенности? Какие традиции чаепития существуют в вашей стране?

О ГРИБАХ И НЕ ТОЛЬКО

Государственный биологический музей имени К. А. Тимирязева*

Гриб — это такой же символ России, как и, скажем, берёза. Культ собирания грибов в нашей стране не имеет аналогов в Европе. Мы — нация грибоманов*. Правда, наша «грибофилия*» имеет аналоги, например, в Центральной Америке и Африке.

Мы привыкли к нашим уютным лисичкам*, опятам*, сыроежкам* и мухоморам*. Это — элемент нашего повседневного быта, например дачного*. Однако если задаться[1] всерьёз вопросом, что же

такое гриб и какое место он занимает в человеческой культуре, то, скажем прямо, никакого однозначного вразумительного[2] ответа мы не получим. Но зато о грибах огромное количество мифов.

Гриб — загадка. Учёным пришлось в XX веке создавать особую науку, этномикологию*, выясняющую многовековую историю отношений человека с грибами. И у этномикологии* сейчас, в начале XXI века, вопросов на порядок[3] больше, чем ответов.

Даже биологи находятся в некоторой растерянности: гриб — это растение или животное? Неясно. Какое-то плодовое тело, размножающееся спорами[4] и выделяемое в отдельный класс живых существ. В чём-то гриб — растение, в чём-то — «зверь». Например, существует отдельный подкласс сумчатых грибов*, что-то вроде «грибов-кенгуру».

Человек всегда со священным трепетом[5] относился к грибам. Культ грибов приобретал в разные времена и у разных народов самые причудливые[6] формы.

Гриб — это, конечно, фаллический символ, символ плодородия, счастья, богатства и долголетия. Вообще — жизни. У индейцев* майя*, к примеру, часто встречаются культовые скульптурки грибов. В некоторых культурах различают женские грибы (с вогнутой шляпкой — лисички, сыроежки*) и мужские (с выпуклой — маслята, боровики*).

В мифологии встречаем разные трактовки сущности грибов. Это — особые полулюди-полубожества. Это — пища богов (у древних греков). Это — упавшие звёзды. Это — Дети грома (так считали, к примеру, древние римляне). А у китайцев есть особый иероглиф — Гриб громового раската. В русском языке, кстати, в прошлом бытовало[7] название особого гриба — «громовик».

Грибы — это символ мира. Шляпка — небо, ножка — земля. В общем — Мироздание, как Древо. Сбил шляпку — оскорбил Небеса. Будьте внимательны.

Вариантов ещё множество.

В целом гриб — это нечто сверхъестественное, связанное с потусторонними инстанциями[8], а потому имеющее особую силу. Гриб якобы может превращаться в человека и вселяться[9] в человека.

В XX веке, благодаря Кастанеде* и прочим «грибофагам*» (грибопожирателям[10]), стала популярна, говоря по-научному, галлюциногенная этномикология*. Это такой особый шаманско-наркотический* тип отношения к грибам. Впрочем, всё это старо как мир[11]. Мухоморы* ради галлюциногенного транса[12] поедались жрецами-шаманами* десятков и сотен культур. Экстракт[20] мухомора — рецепт от древних индусов* до нынешних радикальных панков*.

И всё-таки (без мифов и шуток) грибы — это очень серьёзно и интересно. Будете собирать грибы, помните: у вас в лукошке[14] не просто банальные свинушки* с маслятами*, нет, там у вас — Семена молнии. Или наказанные дети Великого Громовержца, изгнанные им с небес за то, что они вкусили[15] Напиток бессмертия. Или Стрелы Перуна*. Или Пупки Мироздания*.

Комментарий

[1] **задаться/задаваться вопросом** — *разг.* поставить/ставить перед собой вопрос

[2] **вразумительный** — понятный, ясный, убедительно изложенный

[3] **на порядок (больше)** — намного (в десять раз)

[4] **споры** — клетки с плотной оболочкой некоторых видов растений и грибов, служащие для размножения

[5] **(священный) трепет** — *книж.* волнение от какого-л. сильного чувства, внутренняя дрожь

[6] **причудливый** — сделанный необычным образом. *Какие однокоренные слова вы знаете? Что они означают?*

[7] **бытовать** — существовать, иметь место. *Какие однокоренные слова вы знаете?*

[8] **инстанция** — ступень, звено в системе управления

[9] **вселиться/вселяться (в кого-л.)** — проникнуть/проникать (в кого-л.)

[10] **грибопожиратель** — *Как образовано это слово?*

[11] **старо как мир** — о чём-л. известном очень давно, со дня сотворения мира

[12] **(галлюциногенный) транс** — изменение сознания и автоматичность поступков при некоторых психических заболеваниях, в состоянии гипноза, экстаза и т. п.

[13] **экстракт** — от *лат.* extractus 'извлечённый' — сгущённое вещество, выделенное из какого-л. растения

[14] **лукошко** — небольшая корзинка из коры или прутьев, предназначенная для сбора ягод и грибов

[15] **вкусить/вкушать** — *книж., устар.* съесть/съедать, выпить/выпивать, отведать/отведывать

Государственный биологический музей имени К. А. Тимирязева — геологический музей в Москве; находится в бывшей усадьбе коллекционера и мецената П. И. Щукина на ул. Малая Грузинская, д. 5, стр. 1; ближайшие станции метро — «Баррикадная», «Краснопресненская» и «Улица 1905 года». *Как вы думаете, что ещё, кроме экспозиции грибов, можно посмотреть в этом музее?*

грибоман, грибофаг, грибофилия — *Как образованы эти окказионализмы? Какие слова, заканчивающиеся на -ман, -фаг, -филия, вы знаете? К какому стилю относится эта лексика?*

дачный (быт) — от **дача** — загородный дом для городских жителей, обычно не используемый его владельцами с целью постоянного проживания; в России дачами называют как простейшие постройки без каких-л. удобств на шести сотках земли, так и капитальные строения большой площади. *Как вы думаете, почему дача часто рассматривается как один из концептов русской культуры? В каких литературных произведениях и художественных фильмах действие происходит на даче? Как вы себе представляете особенности дачного быта?*

этномикология — *терм.* наука о грибах, изучающая их роль в фольклоре, а также их традиционное использование людьми различных народов; раздел этнобиологии — науки об использовании растений и животных и отношении к ним в различных культурах

лисичка, опёнок (*мн. ч.* — опята), мухомор, сыроежка, маслёнок (*мн. ч.* — маслята), боровик, свинушка — русские названия грибов; сумчатые грибы, или аскомицеты, — один из крупнейших классов грибов (30 % всех видов); основная особенность — образование в результате полового процесса специальных сумок, содержащих споры. *Как внутренняя форма этих слов связана с их значением? Как вы думаете, какие из этих грибов являются съедобными, а какие — ядовитыми?*

майя — исчезнувшая цивилизация (2000 год до н. э. — 250 год н. э.), известная благодаря своей письменности, искусству, архитектуре, математической и астрономической системам; находилась на полуострове Юкатан, территории современной Гватемалы, южных штатов Мексики и западных частей Сальвадора и Гондураса; индейцы — название коренного населения Америки; индийцы, — название населения Индии

Кастанеда Хуан Карлос (1925—1998) — перуанский писатель, антрополог, этнограф, мистик, мыслитель эзотерической ориентации; в своих произведениях описывал психоделическое и наркотическое действие грибов и растений

шаманско-наркотический, жрецы-шаманы — от **шаман** — согласно верованиям некоторых народов человек, способный общаться с духами. *Почему в тексте слово «шаманский» связывается со словом «наркотический»? Для чего шаманы использовали грибы?*

панки — субкультура, возникшая в конце 1960-х — начале 1970-х годов в Великобритании, США, Канаде и Австралии. *Каковы характерные черты панков? Каких известных представителей этой субкультуры вы знаете?*

Перун — бог-громовержец в славянской мифологии

Пупок Мироздания — обыгрывание выражения Пуп Земли — понятие центра мира в различных религиозно-мифологических концепциях; *перен., ирон.* о самоуверенном и заносчивом человеке, который из себя ничего не представляет, но при этом склонен преувеличивать свою значимость; **пуп, пупок** — впадина на середине живота, оставшаяся после рождения

Вопросы

1. Какие русские названия грибов вы узнали из текста? Какие ещё названия грибов вы знаете? Есть ли эквиваленты этих названий в вашем родном языке?

2. Какие символические значения имеет гриб в разных культурах? Почему, по мнению автора текста, гриб можно считать одним из символов России?

3. Как надо собирать грибы, о чём при этом надо обязательно помнить? Что для этого следует взять с собой? Собирают ли грибы в вашей стране? Как можно приготовить грибы? С чем их едят в России?

4. Помимо собирания грибов, в России также занимаются собиранием ягод. Как вы себе представляете этот процесс? Какие русские названия лесных ягод знаете?

ТЕАТР МАРИОНЕТОК

контроль

Музей уникальных кукол*

Существующий уже более 20 лет Музей уникальных кукол Юлии Вишневской* — очень важный факт современной культуры. И российской, и, без всяких преувеличений, мировой. Дело не только в настоящей уникальности и подлинной раритетности[1] экспонатов, но и в том, что существование такого музея позволяет нам по-настоящему задуматься над самим культурным феноменом куклы.

Кукла часто воспринимается как нечто второстепенное, несерьёзное, факультативное, «рекреативное[2]». На самом же деле кукла — одна из сердцевин[3] человеческой культуры. Не случайно наиболее вероятная этимология слова (из греческого) — 'кокон', 'куколка'. То есть кукла — символ волшебного превращения ползучей[4] гусеницы в свободно летающую бабочку. Перехода из небытия* в бытие*. По сути, это символ сотворения мира.

Люди всегда творили кукол и этим уподобляли

себя Богу. Подобно тому, как Бог сотворил человека, человек творит куклу. В этом смысле человек — Великий Ремесленник (по-гречески — Демиург*).

Вместе с тем кукла — это изображение Тотема*, Прародителя, Родоначальника, Великого Предка. А играя с куклой, человек как бы воссоздаёт мир, руководит воссозданным им миром. И одновременно игра с куклой — это ритуал[5] поклонения[6] предкам[7]*. У древних греков, например, именно куклы «играли роль» мёртвых в пьесах Эсхила* или Софокла*.

Существуют показательные исторические парадоксы[8], демонстрирующие, насколько священная кукла была важна. Важнее, чем реальная жизнь.

К примеру, у индейцев из Центральной Америки (майя, ацтеки) куклы тотемов*-животных передвигались на колёсиках. А в реальности индейцы не знали и не использовали колёса. Вполне возможно, что индейцы просто не решались до конца уподобиться[9] Великим Куклам.

Уже несколько тысячелетий существуют куклы-марионетки[10]. Театр марионеток успешно существовал, например, в древних Афинах или в средневековой Японии.

В Европе особый всплеск[11] интереса к куклам наблюдается в XVIII—XIX веках. В Германии, Франции, Италии и других странах появляется всё больше механических кукол. Обер-Уден* в XIX веке делает первую куклу-циркача[12], швейцарские часовщики Дро* — кукольную семью. Создаются целые кукольные концерты, кукольные дома.

Усовершенствуется техника и, соответственно, эволюционирует философия куклы. «Искусственный человек» или «искусственное животное» начинают жить своей жизнью в культуре. Очень показательно, что на рубеже XVIII–XIX веков в литературе в массовом порядке начинают «оживать» статуи (статуя — тоже кукла, только заведомо[13] стационарная[14]). «Медный всадник»*, «Каменный гость»*...

Оживших кукол в мировой культуре несметное[15] множество. Пиноккио* (вместе с Буратино*), Франкенштейн*, еврейский Голем*, робот (слово это вводит в оборот чех К. Чапек*), ледяная Снегурочка*, Чебурашка* и т. д. — всё это ожившие куклы. Даже наш фольклорный Колобок* — обычная «хлебная кукла». Ритуальное поедание* куклы — одна из древнейших культурем* человечества.

Куклы могут быть добрыми и злыми, полезными и вредными, красивыми и уродливыми. Какими угодно. Но они всегда — наши мистические двойники[16].

Пожалуй, популярнейший «кукольный мотив» — это мотив любви человека к кукле. Например, у Гофмана* в «Песочном человеке»* герой влюбляется в механическую певицу.

В Музее уникальных кукол есть гипсовая[17] кукла Суок*. Та самая, из фильма «Три толстяка»*, снятого по сказке Ю. Олеши*. Эту куклу полюбил наследник Тутти*.

Полюбил, конечно, не Тутти куклу Суок, а Юрий Олеша живую Симу (Серафиму) Суок*. Он звал её Дружочек, она его — Ключик. Только Дружочек разлюбил Ключика, и Олеша в память о своей трагической любви создал «литературную куклу».

Получился «Пигмалион* наоборот»: Пигмалион создал статую Галатеи*, и та впоследствии ожила. А Олеша полюбил циркачку[13] Серафиму Суок, и та стала куклой.

Так и стоит гипсовая[18] вечная Сима Суок в музее.

Комментарий

¹ **раритетность** — от **раритетный** (от *лат.* rarus 'редкий') — *книж.* редкий, старинный, диковинный
² **рекреативность** — от **рекреативный** (от *лат.* creatio 'создание') — *спец.* содержащий в себе элементы отдыха,

развлечения, занимательности. *Почему это слово в тексте даётся в кавычках?*

[3] **сердцевина** — *книж.* центр, важнейшее место, важнейшая часть. *Как значение этого слова связано со словом «сердце»?*

[4] **ползучий** — способный передвигаться ползанием, то есть всем телом по поверхности. *В чём различие в употреблении слов «ползучий» и «ползающий»?*

[5] **ритуал** — от *лат.* ritus 'торжественная церемония, культовый обряд' — совокупность действий, сопровождающих религиозный акт. *В чём различие в значении слов «обряд», «традиция», «обычай», «ритуал» и «церемония»?*

[6] **поклонение** — от **поклоняться** — чтить, уважать кого-, что-л. как божество, как высшую силу

[7] **предки** — поколения, жившие задолго до настоящего времени. *В каком значении это слово употребляется в ед. ч.?*

[8] **парадокс** — от *др.-греч.* παράδοξος 'необыкновенный' — *книж.* неожиданное явление, не соответствующее обычным представлениям

[9] **уподобиться/уподобляться** — стать/становиться похожим, подобным

[10] **марионетка** — театральная кукла, управляемая сверху нитями или металлическим прутом. *Как это слово употребляется в перен. значении?*

[11] **всплеск (интереса)** — резкий, сильный, но обычно кратковременный рост. *Какое у этого слова прямое значение?*

[12] **циркач, циркачка** — *разг.* артист, артистка цирка. *Какова функция суффикса -ач в следующих словах: «трубач», «силач», «усач», «бородач», «лихач», «ловкач»?*

[13] **заведомо** — от **заведомый** — заранее известный; несомненный. *Какова связь значения этого слова и др.-рус. глагола «ведать»?*

[14] **стационарный** — укреплённый неподвижно, не переносный, не передвижной

[15] **несметное (множество)** — огромное по количеству, неисчислимое

[16] **двойник** — имеющий полное сходство с другим

[17] гипсовый — сделанный из гипса (от *др.-греч.* γύψος) — минерала белого или желтоватого цвета, из которого делают скульптуры, а также применяют в медицине, например при переломах

Музей уникальных кукол — основан в 1996 году, находится в центре Москвы на ул. Покровка, д. 13, стр. 2; ближайшие станции метро — «Чистые пруды», «Тургеневская» и «Китай-город»

Вишневская Юлия Петровна (род. в 1968 г.) — театральный художник, искусствовед, основательница Музея уникальных кукол

бытие — *терм.* центральное философское понятие, обозначающее наличие, существование предметов или явлений; небытие — несуществующая реальность, отсутствие, отрицание бытия, несуществование

Демиург — от *др.-греч.* δημι-ουργός 'мастер, знаток, ремесленник, создатель, творец' — Бог-творец, создатель мира

тотем — существо, предмет или явление, являющееся объектом почитания людей, считающих его своим покровителем и верящих в общее с ним происхождение и кровную близость

Эсхил (525—456 до н. э.) — древнегреческий драматург, «отец» европейской трагедии; Софокл (496—406 до н. э.) — афинский драматург, трагик. *Какие трагедии Эсхила и Софокла вы знаете?*

Обер-Уден (Робер Гуден) (1805—1871) — французский иллюзионист, часовщик по образованию, прозванный отцом современной магии

швейцарские часовщики Дро — знаменитая династия мастеров по изготовлению часов, основанная Пьером Жаке-Дро (1721—1790); уникальные куклы-автоматы, созданные Жаке-Дро, работают до сих пор

«Медный всадник» (1830) — поэма А. С. Пушкина, в которой оживает памятник Петру I в Санкт-Петербурге

«Каменный гость» (1833) — пьеса А. С. Пушкина из цикла «Маленькие трагедии», в которой оживает статуя командора Дона Карлоса

Пиноккио — персонаж сказки Карло Коллоди (1826–1890) «Приключения Пиноккио. История деревянной куклы» (1883); подражанием произведению Карло Коллоди является сказка Алексея Толстого «Золотой ключик, или Приключения Буратино» (1936); из «Пиноккио» взяты как главный персонаж (Буратино — сделанный из дерева мальчик), так и некоторые второстепенные; заимствованы также отдельные сюжетные линии

Франкенштейн — искусственно созданный человек, главное действующее лицо романа Мэри Шелли (1797–1851) «Франкенштейн, или Современный Прометей» (1818), а также прообраз персонажей множества книжных, драматических и кинематографических адаптаций его сюжета

Голем — персонаж еврейской мифологии, глиняный великан, оживлённый магами с помощью тайных знаний

робот — от *чеш.* Robot < robota 'подневольный труд' — автоматическое устройство, созданное по аналогии с живым организмом; слово было придумано чешским писателем Карелом Чапеком (1890–1938) и его братом Йозефом (1887–1947) и впервые использовано в пьесе «Р. У. Р.» («Россумские универсальные роботы», 1920)

Снегурочка — русский новогодний персонаж, внучка Деда Мороза, его постоянная спутница и помощница; в русском фольклоре является персонажем народной сказки о сделанной из снега и ожившей девочке Снегурке (Снежевиночке)

Чебурашка — персонаж книги «Крокодил Гена и его друзья» и её продолжений, придуманный писателем Эдуардом Успенским в 1966 году и получивший широкую известность после выхода мультфильма «Крокодил Гена»; образ

Чебурашки — добродушного существа с большими глазами и большими ушами, созданный художником Леонидом Шварцманом, стал восприниматься как один из символов русской культуры. *Понятно ли вам значение глагола «чебурахнуться»? Как можно перевести имя этого персонажа на другие языки?*

Колобок — персонаж народной сказки, изображаемый в виде небольшого хлеба шарообразной формы, который сбежал от испёкших его бабушки и дедушки и от разных зверей, но был съеден лисой. *Есть ли в сказках вашей страны похожий персонаж?*

ритуал поклонения предкам — не имеющий какого-то единого сценария обряд, целью которого является не только почитание умерших родственников, но и обращение к ним за помощью; ритуальное поедание (ритуальный каннибализм, антропофагия) — существующий во многих первобытных культурах обряд поедания человеческой плоти, в основном своих родственников или врагов. *Какие ритуалы вы знаете?*

культурема — термин, введённый в науку В. В. Воробьёвым, означающий «элемент действительности (предмет или ситуация), присущий определённой культуре»

Гофман Эрнст Теодор Амадей (1776—1822) — немецкий писатель-романтик, композитор, художник и юрист; автор таких произведений, как «Золотой горшок», «Эликсир Сатаны», «Щелкунчик и мышиный король», «Крошка Цахес, по прозванию Циннобер», «Житейские воззрения кота Мурра», «Угловое окно» и др.; «Песочный человек» (1817) — новелла Гофмана, основанная на народных легендах, рассказывающая о детском страхе перед Песочным человеком, который забирает у детей глаза

Олеша Юрий Карлович (1899—1960) — русский писатель, журналист, киносценарист; наиболее известное произведение — сказочная повесть «Три толстяка» (1924), по которой был снят одноимённый фильм (1966), получивший широкую известность; по сюжету девочку

Соук переодевают в куклу, похожую на любимую заводную игрушку наследника Тутти, чтобы таким образом попасть во дворец и выкрасть ключ от тюрьмы; Тутти, хотя и догадался, что перед ним живая девочка, не выдал её трём толстякам, управлявшим городом

Суок Сима (Серафима Густавовна) (1902–1983) — возлюбленная Юрия Олеши, фактически состоявшая с ним в гражданском браке; один из наиболее вероятных прототипов девочки Суок из романа «Три толстяка»

Пигмалион — от *др.-греч.* Πυγμαλίων — в греческой мифологии скульптор, создавший из слоновой кости прекрасную статую — девушку Галатею и влюбившийся неё. *В каких литературных произведениях обыгрывается этот сюжет?*

Вопросы

▶ 1. Что вы узнали из текста о Музее уникальных кукол в Москве? Кто и когда создал этот музей? Чем он интересен?

▶ 2. Почему куклу можно считать «символом сотворения мира» и «одной из сердцевин человеческой культуры»? В чём заключается ритуальное значение куклы?

▶ 3. Какие бывают куклы? Что вы узнали об истории их создания?

▶ 4. В каких литературных произведениях русских и зарубежных писателей в качестве персонажей выступали куклы? Как вы думаете, почему в массовом сознании куклы начинают «оживать»? Согласны ли вы с тем, что Снегурочка, Чебурашка и Колобок — тоже куклы? В чём, на ваш взгляд, феномен популярности куклы Барби?

ИСТОРИЯ РОССИИ — ИСТОРИЯ АРМИИ

Центральный музей Вооружённых Сил* России

История этого музея — одна из самых драматичных. В ней последовательно и наглядно отражены все перипетии[1] истории России в XX веке.

И в то же время — это история со счастливым исходом[2].

Здесь всё невероятно[3] символично. Хотя бы то, что первый проект музея был представлен в первый год XX века — в 1901 год.

Последний российский император* в первый год XX века распоряжается[4] объединить все собрания, связанные с российской ар-

мией, в единый фонд. Либеральная и социально-демократическая общественность протестует против этого «великосамодержавного*» проекта. А тут ещё революция* и позорное[5] поражение в японской войне*.

После войны Николай II*, прекрасно понимая важность создания такого музея, упорно[6] возвращается к проекту. Планируется специально отстроить[7] грандиозное здание в Петербурге. Оппозиционная Государственная Дума* освистывает* проект. Министерство финансов не даёт денег. Начинается Первая мировая война*, а затем революция*.

Победившие большевики относились к музеям резко отрицательно. Потому что музей — это прошлое, а прошлое мешает начинать историю с нуля. Лев Троцкий*, отвечавший за Красную Армию*, отчаянно[8] ненавидел историю России в целом, а уж[9] военную историю — тем более. Он, к примеру, всерьёз распорядился[4], чтобы красноармейцы* (по преимуществу неграмотные крестьяне) в перерывах между боями изучали эсперанто*. Потому что русский язык — язык феодализма и капитализма, а эсперанто — язык пролетариата. Маразма[10] в те годы хватало.

Да, музей — это «зло», но ведь[11] Новую Красную Историю надо было как-то начинать. Поэтому в 1919 году тот же Троцкий* создаёт постоянную выставку «Жизнь Красной Армии и Флота». Это был

не музей, а некий[12] агитационный[13] проект. Постепенно эта агитка[13] «омузеивается[14]», обрастает экспонатами, получает помещение. Так появляется Центральный Музей (Дом) Красной Армии. А 1919 год считается годом основания Центрального музея Вооружённых Сил.

Разумеется, никаких «белых»* экспонатов, никакого царского прошлого. Всё — с «красного*» нуля.

После начала процессов против троцкистов*, а затем Каменева*, Зиновьева* и других и, наконец, чисток* в самой Красной Армии 1930-х годов пришлось обнулять[15] и сам «красный» нуль. Было изъято[16] и уничтожено огромное количество «красных» документов, а тогдашних[17] директоров музея расстреливали[18] одного за другим. Ситуация была не то чтобы[19] критической или абсурдной, она была зловещей[20] и тупиковой[21].

Только к 1941 году власти начинают трезветь[22] и понимать, что надо создавать нормальный музей военной истории, но война* разрушает эти планы.

После Великой Победы, казалось бы, ситуация более чем благоприятная, однако только через 20 лет, к 1965 году, открывается новый Центральный Музей Вооружённых Сил СССР, который становится полнокровным[23] музеем.

Перестройка и постперестроечные годы* — это годы печальные и для музеев, и для армии. Армия всячески[24] очерняется[25], финансирование музеев приближается всё к тому же «революционному нулю». Только самоотверженность[26] и преданность[27] идее музейных работников спасает дело.

Тем не менее в эти же годы происходит беспрецедентное[28] и, без всякого преувеличения, великое событие. Общество русских эмигрантов США «Родина», собиравшее с 1954 года реликвии[29] Белой армии*, принимает решение вернуть их в Россию. Бесценное собрание из 40 000 предметов возвращается на родину. Эта коллекция наших соотечественников воссоединялась с российским фондом с 1994 года в несколько приёмов[30]. И снова симво-

лично: последние экспонаты прибыли в Россию в последний год XX века.

Итак, последний русский монарх начал XX век с идеи музейного увековечивания русской боевой славы. При первом президенте новой России* эта идея стала окончательно осуществляться и осуществилась в последний год XX века. И для музея началось новое время...

Комментарий

[1] **перипетия** — от *др.-греч.* περιπέτεια 'внезапная перемена в жизни, неожиданное осложнение' — *книж.* резкое изменение, внезапные перевороты в ходе событий, в судьбе

[2] **исход** — окончание, завершение, результат

[3] **невероятно** — в высшей степени; от **невероятный** — такой, в который трудно поверить

[4] **распорядиться/распоряжаться** — *В чём различие в значении и употреблении этого глагола и глаголов «скомандовать/командовать», «приказать/приказывать», «повелеть/повелевать»?*

[5] **позорное (поражение)** — стыдное, унизительное, оскорбительное для чьего-л. самолюбия

[6] **упорно** — настойчиво, упрямо, неуклонно

[7] **отстроить/отстраивать** — *В чём различие в значении слов «отстроить/отстраивать», «выстроить/выстраивать», «настроить/настраивать», «застроить/застраивать», «перестроить/перестраивать», «построить/строить»?*

[8] **отчаянно (ненавидел)** — *разг.* до предела, чрезвычайно сильно

[9] **уж** — частица, употребляемая в данном контексте для выражения эмоционально подчёркнутой уверенности в сообщаемом

[10] **маразм** — от *др.-греч.* μαρασμός 'разложение' — *разг.* дурость, вздор, бред

[11] **ведь** — частица, служащая в данном контексте для ввода аргумента. *Какова этимология этой частицы? В каких ещё случаях она может употребляться?*

[12] **некий** — какой-то

[13] **агитационный** — от **агитировать** — убеждать в правильности своей политики; агитка — действие, совершаемое с агитационной целью

[14] **омузеиваться** — *окказ.* по аналогии с одомашниваться — становиться домашним, приручённым. *Как вы понимаете значение этого окказионализма?*

[15] **обнулить/обнулять** — *разг.* полностью свести/сводить к нулю, лишить/лишать значения

[16] **изъято** — от **изъять** — отобрать, конфисковать

[17] **тогдашний** — *разг.* существующий в то время, тогда. *Какие ещё слова можно образовать от наречий при помощи суффикса -шн-?*

[18] **расстрелять/расстреливать** — осуществить/осуществлять смертную казнь путём расстрела — выстрела из огнестрельного оружия

[19] **не то чтобы** — союз, употребляемый при выражении неопределённости оценки признака или действия

[20] **зловещий** — *В чём различие в значении слов «злой», «злобный», «злостный», «злющий» и «зловещий»?*

[21] **тупиковый** — безвыходный, безнадёжный. *От какого слова образовано это прилагательное?*

[22] **отрезветь/протрезветь/трезветь** — стать/становиться трезвым — объективно оценивающим реальность, здравомыслящим, рассудительным

[23] **полнокровный** — полноценный, дееспособный. *Как внутренняя форма этого слова отражает его значение?*

[24] **всячески** — *разг.* по-разному, разными способами

[25] **очерняться** — от **очернять** — компрометировать, дискредитировать, выставлять в неблаговидном свете

[26] **самоотверженность** — самоотдача, готовность жертвовать собой, полностью отдать себя какому-л. делу

[27] **преданность** — от **преданный** — целиком приверженный, проникнутый любовью и верностью

[28] **беспрецедентный** — не имеющий примера, аналогов в прошлом

[29] **реликвия** — вещь, хранимая как память о прошлом и являющаяся предметом почитания

[30] **(в несколько) приёмов** — (в несколько) этапов

II

Центральный музей Вооружённых Сил Российской Федерации — находится в Москве на ул. Советской Армии, д. 2, стр. 1; ближайшие станции метро — «Достоевская» и «Проспект Мира»

Николай II (1868–1918) — последний российский император, сын Александра III; по характеру был мягким человеком, совершенно неготовым руководить Россией в сложную эпоху; свергнут во время Февральской революции; зверски расстрелян большевиками вместе со своей семьёй в 1918 году в Екатеринбурге; дом, в котором была расстреляна царская семья, в 1977 году по распоряжению ЦК КПСС был снесён, руководителем Свердловска (Екатеринбурга) в то время был Б. Н. Ельцин, ставший впоследствии первым президентом России; **великосамодержавный** — *окказ.* от великий + самодержавие, то есть монархия

революция — в начале текста имеется в виду революция 1905–1907 годов; далее — Октябрьская революция 1917 года

японская война — русско-японская война (1904–1905) — война между Российской и Японской империями за контроль над Маньчжурией и Кореей, в которой Россия потерпела поражение, что явилось одной из главных предпосылок возникновения революционной ситуации

Государственная Дума — законосовещательное, представительное учреждение Российской империи; существовала с 1906 по 1917 год; была создана для того, чтобы рассматривать законы, которые затем утверждались царём; всего было четыре созыва Государственной Думы; в настоящее время Государственной Думой называется нижняя палата парламента (Федерального Собрания) Российской Федерации

освистать/освистывать — свистом выразить/выражать своё неодобрение, осуждение. *Есть ли страны, где свист, наоборот, выражает одобрение? Какими ещё звуками или жестами можно выразить неодобрение или неудовольствие?*

Первая мировая война (1914–1918) — война, в которой принимало участие 38 государств, объединённых в два союза — Антанту (Российская империя, Франция, Великобритания и др.) и Тройственный союз (Германия, Австро-Венгрия и Османская империя); основной причиной явилось стремление ведущих держав к переделу мира; эта война стала основной причиной революции 1917 года

Троцкий (Бронштейн) Лев Давидович (1879–1940) — один из наиболее известных лидеров русской социал-демократии; придерживался крайне радикальных, ультралевых взглядов, часто выступал как оппонент Ленина, но последний тем не менее высоко ценил энергию и организаторский талант Троцкого, который явился главным организатором Красной Армии, был сторонником мировой «перманентной» революции; **троцкисты** — последователи теории Троцкого, развивающей некоторые идеи марксизма

Красная Армия — официальное название Вооружённых Сил РСФСР (1918–1922) и СССР (1922–1946), с 1946 года — Советская армия; днём создания Красной Армии считается 23 февраля, которое сейчас является праздничным днём — Днём защитника Отечества; красноармейцы — солдаты Красной Армии (от слова «солдат» с 1922 по 1946 год отказались как от «контрреволюционного); красный — относящийся к сторонникам революции и символизирующий пролитую за революцию кровь. *Знаете ли вы, каким был флаг Советского Союза? Что символизируют цвета современного флага России?*

Белая армия — в российской истории термины «белая гвардия», «белая армия», «белое движение» и т. п., относящиеся к сторонникам антиреволюционных сил, впервые стали употребляться во время октябрьских боёв в Москве; отряд учащейся молодёжи, взявший в руки оружие для отражения большевистского выступления, надел нарукавные опознавательные повязки белого цвета и получил название «белая гвардия»

эсперанто — искусственный международный язык, построенный на базе интернациональной лексики с максимально упрощённой и строго нормализованной грамматикой; создан в 1887 году варшавским окулистом Заменгофом

Каменев (Розенфельд) Лев Борисович (1883–1936), Зиновьев (Радомысльский) Григорий Евсеевич (1883–1936) — российские революционеры, соратники Ленина; советские партийные и государственные деятели; в ходе проводимых во второй половине 1930-х годов партийных чисток, то есть массовых репрессий в партии, армии и государственном аппарате, были обвинены в заговоре и расстреляны; **процессы** — имеются в виду судебные процессы 1930-х годов по часто ложным обвинениям

война — имеется в виду Великая Отечественная война 1941–1945 годов. *Когда началась и когда закончилась Вторая мировая война?*

перестройка — масштабные перемены в идеологии, экономической и политической жизни СССР во второй половине 1980-х годов; основной целью реформ, провозглашённых М.С. Горбачёвым, была демократизация общественно-политического и экономического строя; **постперестроечные годы** — 1991–2000

первый президент России — Ельцин Борис Николаевич (1937–2007) — до того, как стать президентом России (1991–1999), был руководителем Свердловска (Екатеринбурга) (1976–1985)

Вопросы

▶ 1. Что вы узнали из текста об истории создания Центрального музея Вооружённых Сил России? Чья была идея создания такого музея? Где он находится? Что можно посмотреть в этом музее?

▶ 2. Какие события отражает история создания Центрального музея Вооружённых Сил?

▶ 3. Как вы думаете, почему перестройка и постперестроечные годы «оказались печальными и для музеев, и для армии»? Какими экспонатами пополнился Музей Вооружённых Сил России в это время?

▶ 4. В чём важность такого музея для России? Если ли похожий музей в вашей стране?

И ДОЛЬШЕ ВЕКА
ДЛИТСЯ МУЗЫКА

Государственный центральный
музей музыкальной культуры
имени М. И. Глинки*

контроль

Музею имени М. И. Глинки* больше ста лет.
Всё началось весной 1912 года, когда в Московской консерватории* при библиотеке был выделен скромный[1] зал для хранения ценных музыкальных экспонатов. Сейчас этих экспонатов сотни тысяч — от гигантской коллекции граммпластинок[2] до фотографий и автографов[3] выдающихся деятелей музыкальной культуры.

Первоначально музей носил имя Николая Григорьевича Рубинштейна*. В 1954 году, в связи с юбилеем М. И. Глинки, музею было присвоено его имя.

История любого музея всегда отражает историю страны. В полной мере это относится и к Музею имени М. И. Глинки. Можно сказать, что до конца 30-х годов музей если и не «влачил жалкое суще-

ствование»*, то жил скромной жизнью*. Более чем скромной для столь важного заведения[7].

Потребовался 75-летний юбилей консерватории, чтобы «партия и правительство»* обратили на музей внимание. В год начала Великой Отечественной войны* он получает статус Центрального музея музыкальной культуры, а в самый разгар войны, в 1943-м, — статус государственного учреждения[4].

Война показала то огромное, решающее значение, которое имеет музыка для формирования и поддержания духа[5] народа. Вероятно[6], это интуитивно почувствовали там, «наверху»*. Так же, как почувствовали роль художественного слова и Слова Божия*. Может быть, музыка — это и есть та самая никак не дающая нам покоя национальная идея*. Или, говоря языком древнегреческой философии, эйдос этноса*. То есть образ народа, народный образ. В чём, как не в музыке, в песне, выражается народная душа[5]?

Вторая половина XX века стала эпохой плодотворного[7] развития и подлинного[8] расцвета музея.

Конечно же, это было более чем «трудное счастье»*. Музей несколько раз кочевал[9] с одного места на другое, пока окончательно не обосновался на улице Фадеева*. Музей упорно[10], благодаря настойчивости и самоотверженности[11] его сотрудников, открывал свои филиалы. В 1974 году музей получает статус полнокровного[12] научно-исследовательского заведения[4].

Сейчас, с 2011 года, он именуется Всероссийским музейным объединением музыкальной культуры*. Это, как говорится в наше время, «новый формат»*.

Что ж, новое время — новые форматы. Да и новые песни — тоже. Причём не всегда «о главном»*. И далеко не всегда такие, которые хочется слушать.

Форматы приходят и уходят, а наши великие песни и наша великая музыкальная культура бережно хранятся музеем. А вместе с ними — подлинный образ народа.

Комментарий

[1] **скромный (зал)** — *Что означает это слово в применении к человеку? Какое у него переносное значение? Что ещё можно назвать «скромным»?*

[2] **грампластинка** — диск со звуковой записью. *Знаете ли вы, как назывались первые аппараты воспроизведения музыки?*

[3] **автограф** — от *др.-греч.* αʼυτόγραφος — авторский рукописный текст

[4] **заведение, учреждение** — *В чём различие в значении и употреблении слов «заведение», «учреждение» и «предприятие»?*

[5] **дух, душа** — *Как вы понимаете различие в значении этих слов?*

[6] **вероятно** — возможно, может быть, пожалуй

[7] **плодотворный** — благоприятный, результативный. *Как внутренняя форма этого слова связана с его значением?*

[18] **подлинный** — самый настоящий, действительный, истинный

[9] **кочевать** — переезжать с одного места на другое, часто менять место

[10] **упорно** — настойчиво, упрямо, неуклонно

[11] **самоотверженность** — самоотдача, готовность жертвовать собой, полностью отдать себя какому-л. делу

[12] **полнокровный** — полноценный, дееспособный. *Как внутренняя форма этого слова отражает его значение?*

Государственный центральный музей музыкальной культуры имени М. И. Глинки — Всероссийское музейное объединение музыкальной культуры — музейное объединение, включающее в себя филиалы по всей Москве; главное здание находится на ул. Фадеева, д. 4; ближайшие станции метро — «Маяковская», «Новослободская», «Менделеевская»

Глинка Михаил Иванович (1804—1857) — русский композитор, оказавший большое влияние на творчество А. С. Даргомыжского, М. П. Мусоргского, П. И. Чайковского, Н. А. Римского-Корсакова, А. П. Бородина и др. см. также текст на с. 105

Московская консерватория им. П. И. Чайковского — высшее музыкальное учебное заведение в Москве, один из ведущих музыкальных центров России и мира; находится на ул. Большая Никитская, д. 13/6; ближайшие станции метро — «Охотный ряд», «Театральная», «Библиотека им. Ленина», «Арбатская»

Рубинштейн Николай Григорьевич (1835—1881) — известный русский пианист и дирижёр еврейского происхождения, основатель Московской консерватории и первый её директор; сыграл большую роль в композиторской карьере П. И. Чайковского

«влачить жалкое существование», «жить скромной жизнью», «партия и правительство», «наверху», «трудное счастье», «новый формат» — лексические штампы, употребляемые в разные эпохи. *Как вы думаете, в какое время и каком значении употреблялись эти слова и выражения?*

Великая Отечественная война (1941—1945) — война Советского Союза против нацистской Германии и её европейских союзников. *Когда в России отмечают День Победы?*

Слово Божие — название некоторых священных книг, например Библии; в 1943 году Сталин разрешил собрать Поместный собор, выбрать патриарха и начать служение (до этого времени в СССР не было патриарха и патриаршества, церкви были закрыты, священники репрессированы)

национальная идея — идея, определяющая смысл существования того или иного народа, этноса или нации, которая может выражаться посредством художественных или фольклорных произведений, различных философских текстов или быть сформулированной в лозунговой форме, например «Православие, самодержавие, народность» (афористическое выражение, принадлежащее С. С. Уварову, министру просвещения в 1832–1849 годах); многие философы, политологи и политики считают отсутствие национальной идеи главной бедой современной России; **эйдос** — от *др.-греч.* εἶδος 'вид, облик, образ' — *терм.* образ, сущность, форма, вид

Вопросы

▶1. Что вы узнали из текста о Центральном музее музыкальной культуры имени М. И. Глинки? Где находится этот музей? Как вы думаете, какие экспонаты можно в нём посмотреть? Что вы знаете о творчестве М. И. Глинки?

▶2. Чем вызваны поиски национальной идеи в современной России? Можно ли считать музыку, например народную песню, национальной идеей?

▶3. Согласны ли вы с утверждением о том, что «история любого музея всегда отражает историю страны»? Аргументируйте свою точку зрения.

▶4. Каких известных русских композиторов и какие их произведения вы знаете? Кто из этих композиторов известен в вашей стране?

БУДЕМ НА СВЯЗИ

контроль

Центральный музей связи
имени А.С. Попова*

Центральному музею связи в 2012 году исполнилось 140 лет. Остаётся только удивляться гениальной прозорливости[1] его основателей, которые уже тогда, в 1872 году, когда ещё не было ни радио, ни телевидения, ни других современных средств связи, поняли (или почувствовали?), что технические средства связи, а значит информация, коммуникация — стержень[2] будущей цивилизации.

Задумаемся: ещё в середине XIX века даже многие военные считали, что разведка (то есть оперативный сбор информации) — глубоко[3] второстепенное дело.

К сожалению, во время и Первой, и Второй мировых войн* понимание значимости связи и информации было ещё недостаточным. Во время Великой Отечественной войны*, особенно в её начале, средств связи в Красной Армии* катастрофически[4] не хватало. Настолько, что часть уникальных экспонатов музея ушла на фронт.

Это сейчас, в век мобильно-цифровых технологий, мы повторяем как само собой разумеющееся[5], что «кто владеет информацией (и, соответственно, наиболее совершенными средствами связи), тот владеет миром»*. А тогда...

Пожалуй[6], ни в одном музее мира так не ощущаешь всю лавинообразную[7] стремительность развития цивилизации последних веков

ПЕРЕДАТЧИК
А.С. ПОПОВА
С.-Петербург, Россия
1897

A.S. POPOV
TRANSMITTER
St. Petersburg, Russia
1897

и особенно десятилетий. От подорожных грамот* и первых почтовых марок — до ультрасовременных компьютерных девайсов. От многонедельных переездов «с оказией»[8] на «почтовых»* до мгновенной передачи сотен гигабайтов информации за тысячи километров.

И не случайно музею присвоено имя Александра Степановича Попова*, а центральным его экспонатом является первый радиоприёмник, сконструированный гениальным русским учёным. Именно с этого момента, с момента изобретения радио, время помчалось[9] особенно быстро.

Сам А. С. Попов, кстати, упорно не употреблял слов «радио» и «радиотелеграф». Он говорил и писал «телеграф без проводов», «беспроволочный телеграф», «электрическое сигналопроизводство без проводов».

Это очень симптоматично и точно, ведь[9] слово «радио» — всего лишь метафора от латинского radius — 'луч, колёсная спица'. А вот тот факт, что новый вид связи больше не требует проволоки и проводов, — это важно. Это и есть новая эпоха: связь словно бы отрывается от привычных для нас форм материального мира, от «вещности»* и становится принципиально новой, неуловимой для обычного восприятия тонкой субстанцией, невидимым эфиром*, квинтэссенцией*, как говорили древние, то есть пятой, тонкой, небесной стихией, противопоставленной четырём классическим материальным элементам — воде, огню, земле и воздуху.

Начиная с беспроволочного телеграфа А. С. Попова, мир стал иным. Именно с этого момента, с момента изобретения радио, время помчалось[10] особенно быстро.

И об этом новом мире, мире связи, коммуникации и информации, о его происхождении и становлении повествует[11] экспозиция уникального петербургского музея, который обрёл новую жизнь и второе дыхание[12] в начале XXI века, после реконструкции 2001–2003 годов.

Комментарий

I

[1] **прозорливость** — от **прозорливый** — проницательный, умеющий предугадывать, предвидеть

[2] **стержень** — основная, главная часть чего-л. *Знаете ли вы прямое значение этого слова?*

[3] **глубоко (второстепенное дело)** — абсолютно, совершенно, всецело

[4] **катастрофически (не хватало)** — очень сильно, ужасно

[5] **само собой разумеющееся** — естественное, привычное, не требующее дополнительных пояснений

[6] **пожалуй** — возможно, вероятно, может быть

[7] **лавинообразный** — отличающийся быстрым ростом. *Знаете ли вы значение слова «лавина»? Как внутренняя форма прилагательного «лавинообразный» передаёт его значение?*

[8] **оказия** — *разг.* удобный, благоприятный случай для посылки, отправки чего-л. с кем-л.

[9] **ведь** — частица, служащая в данном контексте для ввода аргумента. *Какова этимология этой частицы? В каких ещё случаях она может употребляться?*

[10] **помчаться/мчаться (о времени)** — начать/начинать быстро, незаметно проходить

[11] **повествовать** — сообщать, рассказывать о каких-л. фактах, событиях

[12] **обрести/обретать второе дыхание** — ощутить/ощущать прилив новых сил, энергии. *Как употребляются фразеологизмы «на одном дыхании», «искусственное дыхание», «задержать дыхание», «перевести дыхание», «дыхание перехватило (спёрло)»?*

Центральный музей связи имени А. С. Попова — один из старейших технических музеев мира, основанный в 1872 году как Телеграфный музей; находится в Санкт-Петербурге на Константиновском проспекте, д. 11а, лит. «В»

Попов Александр Степанович (1859–1906) — известный российский физик, изобретатель радио

Первая и Вторая мировые войны — Первая мировая война (1914–1918) — война между двумя коалициями держав, Антантой и странами Центрального блока, за передел мира, колоний и сфер влияния; Вторая мировая война (1939–1945) — крупнейшая в истории человечества война, развязанная фашистской Германией, Италией и Японией; в войну было втянуто 61 государство с населением 1,7 миллиарда человек; военные действия велись на территории 40 государств

Великая Отечественная война — война Советского Союза против нацистской Германии и её европейских союзников. *Когда в России отмечают День Победы?*

Красная Армия — официальное название Вооружённых Сил РСФСР (1918–1922) и СССР (1922–1946), с 1946 года — Советская армия; днём создания Красной Армии считается 23 февраля, которое сейчас является праздничным днём — Днём защитника Отечества; красный — относящийся к сторонникам революции и символизирующий пролитую за революцию кровь

«кто владеет информацией, тот владеет миром» — фраза, приписываемая бизнесмену Натану Мейеру Ротшильду (1777–1836), основателю английской ветви известной династии банкиров

почтовые — *устар.* лошади, перевозившие почту; в XVII–XIX веках словом «почта» обозначали промежуточные станции с постоялым двором, где меняли уставших почтовых лошадей; у каждой станции был свой смотритель, который проверял документы и давал разрешение на смену лошадей. *Какое известное произведение русской литературы повествует о станционном смотрителе?*

подорожная грамота — *устар.* документ для получения казённых (принадлежащих государству) лошадей во время проезда через почтовую станцию

вещность — *терм.* предметность, реальность, конкретность

эфир — от *др.-греч.* αἰθήρ 'эфир, горный воздух, то есть верхние слои воздуха' — *терм.* среда, в которой распространяются электромагнитные волны

квинтэссенция — от *лат.* quīnta essentia — *терм.* в натуральной философии Аристотеля — эфир, тончайший вид материи (наряду с водой, воздухом, землёй и огнём). *В каком ещё значении может употребляться слово «квинтэссенция»?*

Вопросы

▶ 1. Где находится Музей связи им. А. С. Попова? Какие экспонаты можно посмотреть в этом музее?

▶ 2. Чем известен А. С. Попов? Как он назвал своё изобретение? Какие аналогичные изобретения были созданы зарубежными учёными?

▶ 3. Почему скорость в передаче информации очень важна? Согласны ли вы с утверждением о том, что «кто владеет информацией, тот владеет миром»? Аргументируйте свою точку зрения.

▶ 4. Есть ли в вашей стране музеи, рассказывающие о каких-либо изобретениях?

О КОСМИЧЕСКОМ...

Мемориальный музей космонавтики*

Север Москвы (проспект Мира, Алексеевская, Останкино, ВДНХ) — особая, «космическая» зона столицы: улица Космонавтов, Аллея Космонавтов, улица Академика Королёва, Ракетный бульвар, гостиница «Космос»... И центром этого «космического района» является, конечно же, Музей космонавтики.

Это музей с особой философией.

Дело в том, что слово «космонавтика» очень часто в обыденном[1] сознании связано с чем-то глубоко технологическим[2], даже техно-

кратическим[2] («баллистика*», «ракетоносители» и т. д.). А в наши дни — ещё и с коммерческим («недостаточное финансирование космической отрасли»* и т. п.).

Музей космонавтики, несмотря на обилие[3] технических экспонатов, можно было бы назвать, например, Музеем философии космоса или музеем «Человек и космос». Он словно возвращает нас к исконной[4] этимологии слова «космос».

Это древнегреческое слово (антоним хаоса, то есть зла, беспорядка, агрессии, «беспредела[5]») означало не только 'мир', 'вселенная', но и 'небо', 'порядок', 'украшение', 'строение', 'устройство', 'обустройство', 'строительство', 'устойчивость', 'расположение в порядке', 'гармония'.

А наши предки[6], говорившие по-древнерусски, упорно переводили это слово как «свет», «мир» и «красота».

Образ космоса именно таким и предстаёт[7] в музее — как прекрасное, величественное, упорядоченное, устойчивое, гармоничное целое. А сам музей, и взмывающий[8] над ним титановый 110-метровый монумент-обелиск, и памятник К. Э. Циолковскому*, и Аллея Космонавтов — всё это словно сердцевина[9] всего «космического района» Москвы — Останкино.

Кстати, название Останкино (Осташково), среди многих версий, восходит к имени Остап (Осташ), варианту греческого имени Евстафий, который этимологически близок к слову «космос». «Евстафий» значит 'твёрдо стоящий', 'правильный', 'обустроенный[10]', 'устойчивый', то есть, в общем-то, 'космический'. «Останкино» значит что-то вроде «Космосово».

Интересно, что в русском языке не было слов

«космонавт» и «космонавтика». Говорили «астронавт» и «астронавтика», как современные американцы. В 1958 году, после полёта первого советского спутника, появляется слово «космонавтика».

В конце 1960-го года С. И. Оже- гов* в очередном переиздании своего знаменитого толкового словаря вводит слово «космонавт» и даёт ему очень скромное и «ожидательное» толкование — 'тот, кто будет совершать полёты в космос'. Проходит всего несколько месяцев, и толкование в одночасье[11] устаревает. После полёта Юрия Гагарина 12 апреля 1961 года слово «космонавт» становится русским, несмотря на свою греческую основу, и самым популярным на планете Земля.

Русский язык не ошибся, выбрав красивый, глубокий, сильный, мудрый и мирный корень.

Музей, открытый в 1981 году и радикально обновлённый в 2009-м, достойно хранит не только десятки тысяч ценнейших реликвий[12] российской космонавтики, но и всю силу, глубину, красоту, мудрость и доброту того исконного[13] смысла, который вкладывался русскими космическими первопроходцами[14] в совершаемый ими подвиг.

Комментарий

[1] **обыденное (сознание)** — повседневное, практическое
[2] **технологический, технократический** — *Как вы понимаете различие в значении и употреблении этих паронимов?*
[3] **обилие** — очень большое количество, множество

[4] **исконный** — *книж.* существующий с самого начала, коренной

[5] **беспредел** — *разг.* крайняя степень беззакония, беспорядка. *Почему это слово в тексте дано в кавычках?*

[6] **предки** — поколения, жившие задолго до настоящего времени

[7] **предстать/представать** — *книж.* стать/становиться перед глазами кого-н.

[8] **взмывающий** — от **взмывать** — быстро и стремительно подниматься вверх

[9] **сердцевина** — *книж.* центр, важнейшее место, важнейшая часть. *Как значение этого слова связано со словом «сердце»?*

[10] **обустроенный** — от **обустроить** — привести в порядок, сделать пригодным для использования

[11] **в одночасье** — за очень короткий промежуток времени, быстро, моментально

[12] **реликвия** — вещь, хранимая как память о прошлом и являющаяся предметом почитания

[13] **исконный** — *книж.* существующий с самого начала, коренной

[14] **первопроходец** — человек, проложивший новые пути, открывший новые земли. *Как внутренняя форма этого слова отражает его значение?*

Музей космонавтики — музей космической тематики, расположенный в нижней части монумента «Покорителям космоса» на Аллее Космонавтов; был открыт 10 апреля 1981 года к 20-летию полёта в космос Юрия Гагарина; ближайшая станция метро — «ВДНХ»

баллистика — *терм.* от *др.-греч.* βάλλειν 'бросать' — наука о движении тел, брошенных в пространстве

«недостаточное финансирование космической отрасли» — современный лексический штамп, используемый в политико-экономических текстах, в основном публицистических

Циолковский Константин Эдуардович (1857—1935) — русский и советский учёный и изобретатель, школьный учитель; основоположник теоретической космонавтики

Ожегов Сергей Иванович (1900—1964) — советский лингвист, лексикограф, автор самого популярного толкового словаря русского языка, последние издания которого выходили в соавторстве с Н. Ю. Шведовой. *Какие толковые словари русского языка вы знаете?*

Вопросы

▶ 1. Где находится Музей космонавтики? Как вы думаете, что в нём можно посмотреть? Почему этот музей, как правило, вызывает у туристов большой интерес?

▶ 2. Какие улицы и станции метро находятся на севере Москвы? Почему этот район можно назвать «космическим»?

▶ 3. Что вы узнали об этимологии слова «космос»? Почему Музей космонавтики можно назвать Музеем философии космоса? Когда в русском языке появилось слово «космонавт»? Как менялось значение этого слова?

▶ 4. Что вы узнали из текста об истории освоения космоса?

СИМВОЛ
СОВЕТСКОЙ ЭПОХИ

История знаменитой скульптуры Веры Мухиной* «Рабочий и колхозница» — абсолютно шекспировская по накалу страстей*. В ней есть масса трагикомических казусов[1], почти невероятных поворотов развития сюжета.

Начнём с того, что сама Вера Игнатовна Мухина* была на грани[2] ареста. Они с её мужем, врачом Алексеем Замковым, которого целенаправленно[3] травили[4], даже пытались бежать за границу. Спасло только заступничество[5] А. М. Горького* и С. К. Орджоникидзе*. Результат — три года ссылки[6] в Воронеж*.

Для Всемирной выставки в Париже 1937 года* автор проекта советского павильона Борис Иофан* выбирает эскиз[7] Веры Мухиной.

Величественная[8], монументальная скульптура на высоком постаменте[9], 75 тонн, 25 метров. Оригинальнейшее решение: держится конструкция за счёт тридцатиметрового весьма, казалось бы, легкомысленно[10] развевающегося[11] платка.

И началось…

В одном из доносов[12] на Мухину было сказано, что она — саботажница и вредительница и специально усложнила конструкцию, чтобы сорвать сроки сдачи[13] скульптуры.

В другом — что в платке угадывается профиль Троцкого*. Сталин лично осмотрел место сборки скульптуры и профиля Троцкого не нашёл.

На обсуждении скульптуры в Кремле Мухиной задают совершенно невероятные вопросы. Например, К. Е. Ворошилов* интересуется, почему у колхозницы мешки под глазами* (что она, недоедает, пьёт?..) и почему рабочий держит молот[14] в левой руке (не намёк[15] ли это на левый уклон*?).

И всё-таки «Рабочий и колхозница» отправляется в Париж. 75-тонную скульптуру разрезают на 65 частей и размещают в 25 вагонах.

Успех был оглушительным[16]. Скульптуру В. Мухиной воспринимают как символ молодой Страны Советов. Стоявший напротив немецкий павильон проиграл советскому на все сто[17]. Немцы даже спешно водрузили[18] своего орла* повыше, но и это не помогло.

В. Мухина становится мировой знаменитостью, но относятся к ней власти настороженно. Хотя у неё пять Сталинских премий*, но ни одной персональной выставки. В. Мухину отодвигают в тень, она пропадает[19]…

С 1937 года для «Рабочего и колхозницы» начинаются печальные времена. Началось с того, что советское правительство после Всемирной выставки хочет подарить отработавшую

своё[20] скульптуру Парижу. Париж отказывается: уж[21] слишком похоже на политическую провокацию[22].

Монумент распиливают[23] и переправляют[24] на родину. В Москву он возвращается изрядно[25] покорёженным[26]. Его ставят довольно небрежно «склеенным» у входа на ВДНХ* на низком невзрачном[27] постаменте[9], который В. Мухина назвала «пеньком[28]».

После смерти Сталина «Рабочего и колхозницу» тут же называют символом культа личности*. Кто-то возражает: знаменитый шарфик — тайный символ трудовой интеллигенции, «физиков и лириков»* 1950–1960-х годов.

В. Мухина умирает через полгода после Сталина. Ещё раньше, в 1942 году, умер её муж. Похоронены они вместе. На могиле Алексея Замкова написано: «Я сделал для людей всё, что мог». На могиле Веры Мухиной: «Я тоже».

В разгар[29] лихих 90-х*, в 1998 году, «Рабочего и колхозницу» чуть[30] не продали американцам. Слава богу, мэр* отверг[31] это предложение. До начала реставрации в 2004 году скульптура Веры Мухиной стояла бесхозной[32] и заброшенной. И наконец, в 2009 году, великий памятник XX века приобрёл свой исконный[33] вид.

Комментарий

[1] **казус** — от *лат.* casus 'случай' — странный, неприятный или запутанный случай. *В каких ещё значениях может употребляться это слово?*

[2] **на грани** — *разг.* предлог, употребляемый при указании на крайнее, обычно негативное состояние, которое может наступить в скором времени

[3] **целенаправленно** — не случайно, имея чёткую цель. *Как внутренняя форма этого слова отражает его значение?*

[4] **затравить/затравливать** — замучить/замучивать несправедливыми обвинениями, преследованиями, недоброжелательной критикой

[5] **заступничество** — деятельность, действие, поступки с целью покровительства, защиты кого-л.

[6] **ссылка** — наказание посредством насильственного переселения в отдалённый район. *От какого глагола образовано это существительное?*

[7] **эскиз** — от *фр.* esquisse — предварительный набросок картины, скульптуры

[8] **величественный** — большого размера, преисполненный торжественной красоты. *В каком значении употребляется это прилагательное по отношению к человеку?*

[9] **постамент** — возвышение, служащее основанием памятника, колонны, статуи; пьедестал

[10] **легкомысленно** — от **легкомысленный** — необдуманный, несерьёзный; ветреный, человек, у которого «ветер в голове»

[11] **развевающийся** — от **развеваться** — колыхаться, колебаться от ветра. *Как вы понимаете метафору «легкомысленно развеваться на ветру»?*

[12] **донос** — тайное сообщение властям, начальству, содержащее обвинение кого-л. в чём-л. *В чём различие в значении слов «донос», «клевета», «поклёп», «кляуза», «навет», «оговор», «наговор», «жалоба» и «сплетня»?*

[13] **сдача** — от **сдать/сдавать** — передать/передавать результаты своей работы для их проверки и дальнейшего использования

[14] **молот** — тяжёлый молоток большого размера, служащий для ковки металла, дробления камней и т. п.; один из главных символов пролетариата

[15] **намёк** — непрямое, скрытое указание на что-л.

[16] **оглушительный (успех)** — очень сильный, ошеломляющий

[17] **на все сто** — от **на сто процентов** — *разг.* абсолютно, полностью

¹⁸**водрузить** — *книж.* установить, укрепить где-л., на чём-л. или в чём-л.

¹⁹ **пропасть/пропадать** — погибнуть/погибать, умереть/умирать, оказавшись в трудном или безвыходном положении

²⁰ **отработавший (своё)** — от **отработать** — исчерпать ресурс, выполнить предназначенное. *Какие ещё значения глагола «отработать/отрабатывать» вы знаете?*

²¹ **уж (слишком)** — частица, имеющая в данном контексте усилительное значение

²² **провокация** — сознательный вызов, подстрекательство, побуждение с какой-л. целью, например вызвать конфликт

²³ **распили́ть/распи́ливать** — разре́зать/разреза́ть на части пилой — инструментом в виде металлической пластины с острыми зубцами

²⁴ **переправить/переправлять** — перевезти/перевозить, отправить/отправлять

²⁵ **изрядно** — *разг., устар.* сильно, в значительной степени

²⁶ **покорёженный** — от **покорёжить** — сломать, изуродовать

²⁷ **невзрачный** — ничем не примечательный, непривлекательный, некрасивый

²⁸ **пенёк** — оставшаяся на корню часть ствола спиленного, срубленного или сломанного дерева. *Как вы думаете, почему это слово часто встречается в русских сказках?*

²⁹ **разгар** — время самого высокого развития, полного проявления

³⁰ **чуть не** — едва не, почти. *Как вы понимаете сочетания «чуть-чуть», «чуть что», «чуть свет» и «чуть ли не»?*

³¹ **отвергнуть/отвергать** — решительно отклонить/отклонять, не принять/принимать

³² **бесхозный** — не имеющий собственника, никому не принадлежащий

³³ **исконный** — *книж.* существующий с самого начала

Музей — выставочный центр «Рабочий и колхозница» — находится внутри нового постамента легендарной скульптуры Веры Мухиной «Рабочий и колхозница» — шедевра советского и мирового модернизма; расположен по адресу: Проспект мира, д. 123б

Мухина Вера Игнатьевна (1889−1953) — известный советский скульптор-монументалист; похоронена на Новодевичьем кладбище

шекспировский накал страстей — выражение, означающее сильные страсти, чувства, которых иногда на самом деле не было; от Шекспир Уильям (1564−1616) — знаменитый английский драматург, автор таких трагедий, как «Ромео и Джульетта», «Гамлет», «Отелло», «Король Лир», «Макбет», и многих других произведений, ставших мировой классикой

Горький (Пешков) Алексей Максимович (1868−1936) — один из самых значительных и известных в мире русских писателей и драматургов; пять раз номинировался на Нобелевскую премию по литературе; см. также текст на с. 59

Орджоникидзе Серго (Григорий) Константинович (1886−1937) — революционер, видный советский государственный и партийный деятель

Воронеж — город-миллионник, расположенный в 463 км на юг от Москвы; Воронежская область граничит с Тамбовской, Саратовской, Волгоградской, Ростовской, Белгородской, Курской и Липецкой областями, а также с Украиной

Всемирная выставка в Париже 1937 года — проходила под девизом «Искусство и техника в современной жизни»; участие в выставке приняли 47 стран, борьба за главный приз развернулась между павильонами СССР и Германии; скульптура «Рабочий и колхозница» оценивалась французской прессой как «величайшее произведение скульптуры XX века»; наверху одной из башен немецкого павильона был расположен герб Третьего рейха — орёл

Иофан Борис Михайлович (1891–1976) — советский архитектор, один из ведущих представителей сталинской архитектуры, автор неосуществлённого проекта Дворца Советов. *Как вы себе представляете сооружения сталинской архитектуры? Какие здания в Москве, построенные в этом стиле, вы знаете?*

Троцкий (Бронштейн) Лев Давидович (1879–1940) — один из наиболее известных лидеров русской социал-демократии, придерживался крайне радикальных, ультралевых взглядов; см. также текст и комментарий на с. 175–181

Ворошилов Климент Ефремович (1881–1969) — революционер, военачальник, советский государственный и партийный деятель

мешки под глазами — опухлость, отёк век — симптом различных заболеваний, старения или нездорового образа жизни. *Какие симптомы и каких болезней вы можете назвать?*

левый уклон — условное название оппозиционного политического течения внутри партии большевиков в 1920-е годы, то есть во время болезни и особенно сразу после смерти В. И. Ленина, наиболее известными представителями которого были Л. Троцкий, К. Радек, Г. Зиновьев, Л. Каменев

Сталинская премия — высшая форма поощрения граждан СССР за выдающиеся достижения в области науки, искусства, производственных достижений и т. д. в 1940–1954 годы; позднее стала называться Государственной премией, в настоящее время — Премия Президента России

ВДНХ — Выставка достижений народного хозяйства — крупнейший выставочный комплекс в Москве, расположенный недалеко от станции метро «ВДНХ»

культ личности — возвеличивание личности И. В. Сталина средствами массовой пропаганды, в произведениях культуры и искусства и т. д.; период культа личности начался с середины 1920-х годов, символической точкой его завершения стал вынос тела Сталина из Мавзолея и его захоронение у Кремлёвской стены в 1961 году

«физики и лирики» — аллюзия на известную дискуссию между «физиками» и «лириками», которая началась в 1959 году; см. также комментарий на с. 56

лихие 90-е — литературно-публицистический штамп, характеризующий первое постсоветское десятилетие, основными чертами которого были рост преступности, падение экономики, инфляция, вооружённые конфликты и т. п.; от **лихой** — 1) *нар.-поэт.* злой, недобрый, приносящий беду; 2) *разг.* удалой, молодецкий

мэр — Лужков Юрий Михайлович, который был мэром Москвы с 1992 по 2010 год. *Знаете ли вы, кто является мэром Москвы в настоящее время?*

Вопросы

▶ 1. Что вы узнали из текста о В. И. Мухиной? Что считается главным шедевром этого скульптора?

▶ 2. Чем можно объяснить популярность скульптуры «Рабочий и колхозница»? Как сложилась её судьба?

▶ 3. Какие интересные памятники в Москве и в России вы знаете? Чем они интересны? Каким известным людям есть памятники в вашей стране?

▶ 4. Памятники могут устанавливаться не только реальным людям, но и персонажам художественных фильмов, мультфильмов, даже буквам, например букве «ё». Какие из такого рода памятников вам известны?

АРТКОММУНАЛКА

З наменитый русский актёр, поэт и исполнитель своих песен Владимир Высоцкий* в детстве жил в коммунальной кварти-ре (коммуналке)*. В своей «Балладе о детстве» он поёт: «Все жили вровень[1], скромно так: система коридорная*, на тридцать восемь комнаток всего одна уборная[2]». Нормально, да? В каждой комнате, как правило, несколько человек. А туалет один. И ванная тоже. И кухня одна. Современному человеку, живущему в отдель-ной квартире, всё это трудно представить. Но люди жили и умели радоваться жизни.

В русском языке есть такое очень специфическое многоз-начное слово — «быт». В других языках такого слова нет. Идея

«быта» обычно передаётся словосочетаниями «жизнь каждого дня», «повседневная жизнь» или что-то в этом роде. У русских «быт» — это целый океан ассоциаций. Русские, например, говорят о ком-нибудь: «быт заел». Как это перевести на ваш родной язык? «Повседневная жизнь его скушала»?

Так вот: быт коммунальной квартиры советской эпохи — настолько сложная, причудливая[3], комичная и трагичная одновременно система, что всякие крутые фэнтези с их спецэффектами, как говорят русские, «отдыхают[4]». Или — «нервно курят в сторонке[4]».

Если вы хотите окунуться[5] в этот неповторимый мир, приезжайте в город Коломну*, на улицу Октябрьской революции, 205. И — добро пожаловать в советскую реальность 1960-х годов. Рассказывать об экспозиции музея бессмысленно. Лучше один раз увидеть, чем сто раз услышать*. Впрочем, в Арткоммуналке есть гиды. Поэтому послушать тоже можно. Можно и потрогать. И даже поесть то, что ели жители коммуналки* полвека назад. Не бойтесь, это очень вкусно и полезно. Хотя и просто. «Фирменное» блюдо — сосиски с горошком*. Сытно[6], но никакой химии[7] и никакого лишнего веса.

Подчеркнём: это не просто коммуналка, это — арткоммуналка*. Именно здесь творили неофициальные художники, художники так называемого авангарда*. И сейчас творят, но уже официально. Прямо при вас.

А главный персонаж музея — культовый писатель Венедикт Ерофеев*, который в этом самом доме был чернорабочим[8] в магазине с весёлым названием «Огонёк». Здесь он получил «путёвку в жизнь»*. Здесь начался творческий путь «Венички»*, сделавший его писателем с мировым именем — прежде всего благодаря легендарной поэме «Москва — Петушки»*.

Для кого-то коммуналка — экзотика, для кого-то — кошмар[9], для кого-то — недоразумение[10], а для кого-то — ностальгия. Если вы ещё

не смотрели, посмотрите «Покровские ворота»*, один из самых популярных советских фильмов. Это настоящий лирический гимн советской коммуналке*, в которой, как в жизни, есть всё: и любовь, и ненависть, и жестокость, и нежность. Но запоминается-то[11] лучшее! В этом великая мудрость человеческой жизни. Тяжёлый быт с «тридцатью восьмью комнатами» и «одной уборной[2]» уходит, а радостное ощущение бытия* остаётся. Как сказал поэт, «всё мгновенно, всё пройдёт; что пройдёт, то будет мило»*.

Комментарий

[1] **вровень** — *разг.* наравне, одинаково. *В каком ещё значении употребляется это слово?*

[2] **уборная** — *разг.* туалет. *Знаете ли вы, что означает «уборная» в театре?*

[3] **причудливый** — странный, необычный. *Какие однокоренные слова вы знаете? Что они означают?*

[4] **отдыхать, нервно курить в сторонке** — *жарг.* быть хуже кого-л. или чего-л.

[5] **окунуться/окунаться** — *разг.* стать/становиться целиком охваченным чем-л., погрузиться/погружаться во что-л.

[6] **сытно** — от **сытный** — питательный

[7] **химия** — *разг.* химические добавки в продукты, например усилители вкуса; большое количество удобрений при выращивании растений

[8] **чернорабочий** — исполняющий чёрную, то есть неквалифицированную, вспомогательную работу; используемый на тяжёлой, грязной работе

[9] **кошмар** — от *фр.* cauchemar 'ночное удушье' — *разг.* что-то самое ужасное, конец всему. *Знаете ли вы прямое значение этого слова?*

[10] **недоразумение** — *разг.* что-то непонятное или сделанное по ошибке

[11] **-то** — частица, выполняющая в данном контексте выделительную функцию — подчёркивания наиболее важного слова

Арткоммуналка — название музея, рассказывающего о советской Коломне 1960-х годов, доносящего до нас черты коммунального быта, диссидентский дух эпохи хрущёвской оттепели (неофициальное обозначение периода в истории СССР после смерти И. В. Сталина, продолжавшегося приблизительно 10 лет); **коммунальная квартира** (коммуналка) — квартира, в которой проживает несколько семей; **коридорная система** — система планировки, при которой квартиры располагаются, как правило, по обе стороны коридора

Ерофеев Венедикт Васильевич (1938–1990) — советский писатель, автор ставшей известной постмодернистской поэмы в прозе «Москва — Петушки» (1969), герой которой, интеллектуальный алкоголик Веничка, едет на электричке в некое утопическое место к любовнице и ребёнку

Высоцкий Владимир Семёнович (1938–1980) — знаменитый советский автор и исполнитель своих песен, актёр театра и кино. *Какие песни В. Высоцкого вы знаете?*

Коломна — один из древнейших (1140–1160) и красивейших городов Подмосковья на реке Оке; главная достопримечательность города — Коломенский кремль; входит в Золотое кольцо России. *Какие ещё города входят в этот туристический маршрут?*

лучше один раз увидеть, чем сто раз услышать — популярное выражение, известное во многих языках и означающее, что увиденное воспринимается лучше, чем услышанное. *Как можно закончить следующие русские пословицы: «Лучше с умным в аду, чем…»; «Лучше своё отдать, чем…»; «Лучше синица в руке, чем…»; «Лучше смерть, чем…»; «Лучше хлеб с водою, чем…»; «Лучше горькая правда, чем…»; «Лучше десятерых виновных простить, чем…»; «Лучше мало, чем…»; «Лучше меньше, да…»; «Лучше не договорить, чем…»?*

сосиски с горошком — традиционное блюдо советской кухни — сосиски с зелёным горошком или с солянкой, то есть тушёной капустой с грибами. *Знаете ли вы, как приготовить другие традиционные блюда советской кухни — салат «Оливье», кабачковую икру, холодец, селёдку под шубой, винегрет, борщ, окрошку, рассольник, заливную рыбу, печёную картошку, фаршированный перец, голубцы, макароны по-флотски?*

авангард — от *фр.* avant-garde 'передовой отряд' — *терм.* течение в искусстве, суть которого заключается в полном непринятии устоявшихся традиций и экспериментировании с новыми образами и формами

«путёвка в жизнь» — фраза, ставшая популярной благодаря первому звуковому советскому художественному фильму 1931 года с таким же названием; фразеологизм «путёвка в жизнь» означает 'что-л. важное, то, что открывает путь кому-л. к полезной и плодотворной деятельности'

«Покровские ворота» (1981) — советский художественный фильм (реж. М. М. Казаков), снятый по пьесе Л. Г. Зорина; **Покровские ворота** — название площади в Москве, которая находится между ул. Покровкой и Чистопрудным и Покровским бульварами. Известны следующие фразы из этого фильма: — *Я не знаю, я вся такая внезапная, такая противоречивая вся...* | — *Аркадий Варламович, а не хлопнуть ли нам по рюмашке?* / — *Заметьте, не я это предложил* | — *Напишите комедию в стихах, как Грибоедов.* / — *Он плохо кончил* | — *Вот ведь... На всех языках говоришь, а по-русски не понимаешь* | *Живут не для радости, а для совести.*

бытие — *терм.* центральное философское понятие, обозначающее наличие, существование предметов или явлений. *В чём различие в значении слов «быт» и «бытие»? В каком значении употребляется философский термин «бытие» в тексте?*

«Всё мгновенно, всё пройдёт; что пройдёт, то будет мило» — строчки из стихотворения А. С. Пушкина «Если жизнь тебя обманет...» (1825)

Вопросы

▶1. Как вы представляете себе коммунальную квартиру в СССР? Остались ли коммунальные квартиры в настоящее время? Что такое «коридорная система»? В чём основные особенности быта в коммунальной квартире? Есть ли коммунальные квартиры в вашей стране?

▶2. В каких литературных произведениях и фильмах действие происходит в коммунальной квартире?

▶3. Какие традиционные блюда советской и русской кухни вы знаете? Есть ли в Москве кафе или рестораны, где можно попробовать «советские блюда»?

▶4. Чем интересна Арткоммуналка в Коломне? Почему, на ваш взгляд, в этом музее всегда много посетителей? А чем известен сам город Коломна?

ХИТРОСТЬ —
ЭТО НЕ ВСЕГДА ПЛОХО

Музей хитростей и смекалки*
в Переславле-Залесском

Музей этот находится в городе Переславле-Залесском*. Небольшой городок, в котором тем не менее много интересного.

Если вы туда приехали, то в этот музей попадёте неизбежно[1]. Раньше он назывался «Музей ремёсел[2]». А сейчас — «хитростей и смекалки». И это симптоматично[3].

Хитрость — это хорошо или плохо? Вроде бы плохо. Хитрить — значит делать явно что-то нехорошее, нечестное.

Русский язык, однако, очень «хитрый». Стоит перевести слово «хитрость» из единственного числа во множественное, и это слово вдруг становится даже более чем терпимым[4], изъясняясь[5] современным языком, «толерантным».

Мы говорим: «маленькие женские хитрости». И умиляемся[6]. «Ты эти свои хитрости брось[7]». И т. п. Хотя что уж тут умиляться[8]: много-много «маленьких женских хитростей» наверняка перевесят[9] одну большую, геополитическую, мужскую хитрость.

Но это — в сторону[10]...

Что такое смекалка? Вряд ли[11] это слово адекватно переводится на другие языки. Как сказано в одном из лучших русских словарей*, «смекалка — это сообразительность[12], догадливость[13], способность быстро понять». Определение, конечно, хорошее, но недостаточное. Потому что упущено[14] главное.

Для дяди с большими усами придумали чашки — они перед Вами. 1900 г. фиффор.

«Смекалка» — это способность решить проблему в ситуации, когда нет объективных предпосылок[15] эту проблему решить. Когда все обстоятельства против тебя.

Ты привёз шашлык[16] на дачу, а шампуры[17] забыл. Что делать? Жарить шашлык на вилах[18]. Можете посмотреть в интернете — найдёте множество подобных «смекалок». Но это — современный пример. А есть тысячи примеров смекалки и хитрости прошедших столетий. Они-то[19] все и представлены в музее.

Очень большой, мягко говоря[20], недоброжелатель России француз маркиз де Кюстин* сказал примерно так: «Русские не очень хотят

Жук — помощник, наступив ему на спину, Вы, не запачкав рук, без труда сможете снять грязную обувь

придумывать новые приёмы (как бы мы сейчас сформулировали — "инновационные технологии*"), но гениально умеют использовать старые, те, что под рукой[21]».

Маркиз де Кюстин, конечно, мало что понял в русской жизни. Ему приписывают — и совершенно заслуженно[22] — крылатое словосочетание* «в тени развесистой клюквы»*. Маркиз решил, что клюква — это дерево. Всё же он подметил очень верную[23] черту русского народа — умение, казалось бы, старое, бесполезное превратить вдруг в новое, креативное.

Колоссальную[24] смекалку проявляли и проявляют русские космонавты, решавшие и решающие непредвиденные[25] задачи в космосе. Новое — это давно забытое старое*. Попытайтесь[26] убедиться в этом на примере русской культуры.

Музей хитростей и смекалки спокойно вводит нас в атмосферу не только хитростей и смекалки, но и в атмосферу русской культуры в целом, где «смекалка и хитрости» становятся неким[27] тайным[28] кодом[29], не имеющим никакого отношения ни к чему нехорошему. Например, к спецразведкам[30]. Наоборот, это та наша планетарная улыбка[31], которая сделает вас друзьями России, приблизит к нашей стране.

Комментарий

[1] **неизбежно** — непременно, обязательно, неминуемо, неотвратимо. *Как образовано это слово?*

[2] **ремесло** (*мн. ч. — ремёсла*) — изготовление изделий ручным, кустарным способом

[3] **симптоматично** — от **симптоматичный** — являющийся внешним признаком чего-л., показательный в каком-л. отношении

[4] **терпимый** — такой, с которым можно согласиться, принять. *В чём различие в значении паронимов «терпимый», «терпеливый» и «терпящий»?*

[5] **изъясняясь** — от **изъясняться** — *книж., устар.* объяснять, растолковывать, говорить

[6] **умилиться/умиляться** — почувствовать/чувствовать нежность, теплоту

[7] **брось** — *разг.* оставь, перестань, не надо

[8] **что (чего) уж тут** + глагол *несов. в.* — *разг.* выражение экспрессивного отрицания чего-л., часто с оттенком сожаления. *Как можно употребить частицы где (куда, какой, когда, куда) уж тут (там)?*

[9] **перевесить/перевешивать** — получить/получать преимущество, превосходство, оказаться/оказываться более важным, значимым

[10] **в сторону** — *разг.* оставим как в данном случае неважное. *Как вы понимаете выражение «шутки в сторону»?*

[11] **вряд ли** — *разг.* сомнительно, маловероятно, не факт

[12] **сообразительность** — способность быстро и хорошо понимать что-л.

[13] **догадливость** — способность находить правильное решение

[14] **упущено** — от **упущенный** < упустить — оставить без внимания что-л. важное. *В чём различие в значении и упо-*

треблении глаголов «упустить», «пропустить», «допустить», «впустить», «выпустить» и «напустить»?

[15] **предпосылка** — предварительное условие

[16] **шашлык** — от *крым.-тат.* šišlik 'вертел' — блюдо из кусочков мяса (первоначально — баранины), зажаренных над углями

[17] **шампур** — тонкий металлический стержень, предмет удлинённой формы для приготовления шашлыка

[18] **вилы** — сельскохозяйственный инструмент в виде нескольких длинных металлических стержней на деревянной рукояти

[19] **-то** — частица, выполняющая в данном контексте выделительную функцию — подчёркивания наиболее важного слова

[20] **мягко говоря** — *разг.* вводное выражение, указывающее на то, что автор высказывания хочет избежать резких, более сильных слов и выражений

[21] **под рукой** — *разг.* такой, который можно в любой момент использовать

[22] **заслуженно** — справедливо, имея достаточные основания, причины

[23] **верный** — правильный, точный, соответствующий истине

[24] **колоссальный (о смекалке)** — чрезвычайный, выдающийся по степени своего проявления, по своей силе, значению

[25] **непредвиденный** — тот, которого не ожидали заранее, не предвидели. *Как внутренняя форма этого слова связана с его значением?*

[26] **попытаться/пытаться** — *В чём различие в употреблении слов «попытаться/пытаться», «попробовать/пробовать», «постараться/стараться» и «стремиться»?*

[27] **некий** — какой-то

[28] **тайный** — секретный, скрытый. *В чём различие в значении слов «тайный» и «таинственный»?*

[29] **код** — условный знак для передачи информации

[30] **спецразведка** — *окказ.* спецслужба

[31] **планетарная улыбка** — *В чём различие в употреблении паронимов «планетарный» и «планетный»? Как вы понимаете значение метафоры «планетарная улыбка»?*

Музей хитростей и смекалки — основан в 2011 году О. Б. Гундериным; расположен в одной комнате в одноэтажном деревянном домике; коллекция музея постоянно пополняется старинными предметами русского быта — прялками, открывалками, изделиями из керамики, ловушками для садовых вредителей, утюгами; в музее можно увидеть специальную посуду для мужчин с пышными усами, музыкальные бутылки, орехоколы, фонари для карет и т. п.

Переславль-Залесский — город (с 1152 г.) в Ярославской области в 140 км к северу от Москвы; входит в Золотое кольцо России. *Какие ещё города входят в этот туристический маршрут?*

один из лучших русских словарей — имеется в виду «Толковый словарь живого великорусского языка» В. И. Даля (1801–1872); см. также комментарий на с. 42

маркиз де Кюстин (Астольф де Кюстин) (1790–1857) — французский аристократ, писатель, путешественник; приобрёл мировую известность изданием своих записок о России («Россия в 1839 году»). *Читали ли вы эти «Записки»? Какие ещё мемуары иностранных путешественников по России вы знаете? Какое восприятие России и русских отражается в этих произведениях?*

инновационные технологии — *терм.* набор методов и технических средств, ориентированный на формирование системного, творческого, технического мышления и на способность решать творческие или производственные задачи; сочетание «внедрение инновационных технологий» (например, в системе образования) стало одним из современных штампов, к которому многие учителя и преподаватели относятся весьма иронически

крылатое словосочетание — *терм.* устойчивое выражение из литературных, исторических и других источников, получившее широкое распространение

в тени развесистой клюквы — выражение, построенное на оксюмороне, которое приписывают сразу нескольким иностранцам, путешествующим по России, — де Кюстину, Дюма-отцу и др.; возможно, эта фраза родилась как пародия на вздорные представления иностранцев о России. *Что может быть «развесистым»?*

Новое — это хорошо забытое старое — выражение, чаще всего приписываемое французскому литератору Жаку Пеше (1758–1830)

Вопросы

1. Где находится Музей хитростей и смекалки? Как назывался этот музей раньше? Что вы можете рассказать о древнем городке, в котором находится Музей хитростей и смекалки?

2. В чём особенность значения слов «хитрость» и «смекалка»? Почему эти и подобные слова часто называют «концептами русской культуры»? В чём трудности перевода концептов на другие языки? Какие устойчивые выражения со словами «хитрость» и «хитрый» вы знаете? Что такое «маленькие женские хитрости»?

3. Какие примеры проявления хитрости и смекалки вы можете привести? Герои каких русских сказок и литературных произведений проявляли хитрость и смекалку?

4. Если бы у вас появилась возможность открыть музей, посвящённый концептам русской культуры, то каким был бы этот музей? Где бы он находился и какие экспонаты можно было бы в нём посмотреть?

НЕ ЦАРЬ, А В КОРОНЕ

Музей петуха*

ак известно, риторический вопрос — это такой вопрос, который не требует ответа. Народ, однако, очень любит превращать риторические вопросы в обычные, не риторические. Например, Николай Васильевич Гоголь* в «Мёртвых душах»* восклицает: «И какой же русский не любит быстрой езды?»* Это, казалось бы, значит, что все русские любят быструю езду. Но народ придумал другой ответ: «Тот, на котором ездят».

Точно так же вопрос о том, что было вначале — курица или яйцо*, вроде бы не имеющий ответа, всё-таки получил ответ: «Вначале был петух». Феминисткам просьба не волноваться.

А если серьёзно, то петух — одно из самых мистических существ на земле. В мифологиях практически всех народов мира петух — один из центральных персонажей. Он — символ солнца и ночи, огня и воды, жизни и смерти, Бога и

дьявола. Ему посвящено огромное количество пословиц, погово-
рок и загадок.

Например, у русских: «Не сто-
рож, а всех будит», «Не царь, а в
короне», «Не часы, а время сказы-
вает[1]».

Каждый народ по-своему
слышит его «кукареку». Англичане слышат «cock-a-doodle-doo»,
немцы — «kikeriki», испанцы —
«gaggalagú». Французы называют
крик петуха «поющим рассветом».
Австралийские аборигены[2] считают, что петух — «птица, которая
смеётся на рассвете».

Древние греки и рим-
ляне крепко[3] связывали
петуха с богом врачебного
искусства Асклепием-Эску-
лапом*. Арабы называли
смелых воинов петуха-
ми. У тех же французов он
превращается в политиче-
ский герб страны, берущий
своё начало ещё в древней
галльской* мифологии.
В христианстве петух —
эмблема святого Петра*.
И конечно же, у всех пе-
тух — символ плодородия[4].

В русском фолькло-
ре какое-то особо нежное
отношение к петуху. По-
чти всегда всё, что связано с ним, сопровождается[5]
уменьшительно-ласкатель-
ными суффиксами*: «Петя,

Петя, петушок, золотой гребешок, масляна[6] головушка, шёлкова[6] бородушка!..»*

Вместе с тем отношение к петуху всегда неоднозначное, часто — ироничное. В русском языке есть глагол «петушиться» — 'обидчиво сердиться, вести себя заносчиво[7]', а значит, 'быть смешным'. «Пустить петуха» — значит, во-первых, 'сфальшивить во время пения' и, во-вторых, 'устроить пожар'.

Про петуха можно написать многотомную энциклопедию.

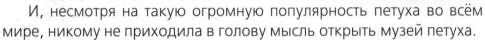

И, несмотря на такую огромную популярность петуха во всём мире, никому не приходила в голову мысль открыть музей петуха.

Впервые эта мысль появилась у Николая Корнилова*, известного художника и журналиста, который и открыл в 1997 году такой музей, ставший единственным в мире.

Где? Конечно, в русском городе Петушки Владимирской области*. Город Петушки появился на месте деревни Новые Петушки. Есть там, рядом, конечно, ещё и Старые Петушки. Говорят, здесь издавна[8] мастерили[9] свистульки-петушки*. И леденцы-петушки*. И коньки-петушки*. И петушки-наличники*. В общем, здесь — сплошные петушки. Как же тут было не появиться[10] музею петуха? Всё логично.

В музее собрано всё, что связано с петухом. Игрушки, картины, посуда... Есть и живые петухи. Дети — в восторге, взрослые — тоже.

Так что — добро пожаловать в музей солнца, ночи, огня, воды, отважного[11] воина, смеющегося на рассвете, жизни и смерти, плодородия[4], нецаря[12] в коро-

не, бога врачей, золотого гребешка, свистульки. И будем твёрдо[13] помнить: вначале был петух*!

Комментарий

[1] **сказывать** — *устар., нар.-поэт.* говорить, рассказывать

[2] **абориген** — коренной житель

[3] **крепко (связывать)** — от **крепкий** — такой, который трудно разорвать. *Какие ещё значения есть у прилагательного «крепкий»? С какими существительными оно может сочетаться?*

[4] **плодородие** — способность почвы, земли давать хороший урожай. *Как внутренняя форма этого слова связана с его значением?*

[5] **сопровождаться** — быть, употребляться вместе с чем-л.

[6] **масляна (головушка), шёлкова (бородушка)** — *устар.* усечённые формы прилагательных «масляный» и «шёлковый»; «масляна головушка» — милый, добрый, ласковый, родной

[7] **заносчиво** — от **заносчивый** — высокомерный, самоуверенный, считающий себя лучше, выше других. *Как вы понимаете значение фразеологизма «задирать нос»? Какие ещё устойчивые выражения со словом «нос» вы знаете?*

[8] **издавна** — *книж.* с давних пор. *Какие слова и выражения с тем же значением употребляются в русских сказках?*

[9] **мастерить** — *разг.* изготовлять, делать что-л. ручным способом

[10] **Как же тут было не появиться** — *разг.* конструкция как + же + тут + не + *инф. сов. в.* означает невозможность чего-л. или вынужденность какого-л. действия

[11] **отважный** — *книж.* не боящийся опасности, смелый, храбрый

[12] **нецарь** — *окказ. Как образовано это слово? Какие существительные с приставкой «не» вы знаете?*

[13] **твёрдо (помнить)** — очень хорошо. *Какие ещё значения есть у прилагательного «твёрдый»?*

Музей петуха — открылся в г. Петушки Владимирской области в 1997 году по инициативе художника и журналиста Н. И. Корнилова; учреждение представляет собой небольшой старинный городок, в котором каждая улица и избушка обитаемы, а главные герои — петухи всех цветов и размеров; в музее также выставлены работы народных промыслов Хохломы, Гжели, представлены вологодские кружева, свистульки и т. д.

Гоголь (Яновский) Николай Васильевич (1809—1852) — великий русский писатель, один из создателей художественного реализма; см. также текст на с. 43

«Мёртвые души» (1842) — хрестоматийное произведение Н. В. Гоголя, жанр которого сам писатель обозначил как поэму; идею этого произведения подал Н. В. Гоголю А. С. Пушкин; самая известная фраза из поэмы, вошедшая в русский язык, — *«И какой же русский не любит быстрой езды?»*; другие известные выражения о России и русском человеке из поэмы: *Русь, куда ж несёшься ты? дай ответ. Не даёт ответа* | *...Таков уже русский человек: страсть сильная зазнаться с тем, который бы хотя одним чином был его повыше, и шапочное знакомство с графом или князем для него лучше всяких тесных дружеских отношений* | *...Русский человек в решительные минуты найдётся, что сделать, не вдаваясь в дальние рассуждения...* | *...Русский человек не любит сознаться перед другим, что он виноват...* | *...Все* *мы имеем маленькую слабость немножко пощадить себя, а постараемся лучше приискать какого-нибудь ближнего, на ком бы выместить свою досаду... | ...Если приятель приглашает к себе в деревню за пятнадцать вёрст, то значит, что к ней есть верных тридцать...*

«что было вначале — курица или яйцо» — логический парадокс, известный ещё в трудах философов Древней Греции

Асклепий (в древнеримской мифологии Эскулап) — *др.-греч.* Ἀσκληπιός, 'вскрывающий' — в *др.-греч.* мифологии бог медицины и врачевания

галльский — населявший Галлию — территорию современной Франции, Бельгии и Северной Италии; галлами древние римляне называли кельтов, а *лат.* gallus означает не только 'галл', но и 'петух'; римляне дали такое название кельтам потому, что они в основном были рыжеволосыми, и их огненно-рыжие хохолки напоминали петушиные гребешки

святой Пётр — в христианстве: один из двенадцати апостолов, ближайших учеников Иисуса Христа

уменьшительно-ласкательные суффиксы — *терм.* словообразующие суффиксы субъективной оценки, в основном существительных. *Какие суффиксы подобного рода вы знаете? Как они могут модифицировать значение слова? От чего может зависеть значение суффикса?*

«Петя, Петя, петушок, золотой гребешок, масляна головушка, шёлкова бородушка!..» — фраза из русской народной сказки «Петушок — золотой гребешок», используемая также в других фольклорных произведениях, героем которых является петух

Владимирская область — субъект Российской Федерации, граничащий с Московской, Ярославской, Ивановской, Рязанской и Нижегородской областями

свистулька — от **свистеть** — название детской игрушки; **леденец** — одна из популярных на Руси разновидностей конфет; **коньки** — узкие стальные полозья, прикрепляемые к обуви для катания на льду; **наличник** — декоративное обрамление оконного или дверного проёма

вначале был петух — ироничная аллюзия на первую строку Евангелия от Иоанна: «Вначале было слово»

Вопросы

▶ 1. Где находится Музей петуха? Почему именно здесь? Что можно посмотреть в этом музее? Есть ли где-нибудь в мире похожие музеи?

▶ 2. Почему петуха можно считать «одним из самых мифических существ на земле»? Какое символическое значение есть у петуха в разных мифологиях и религиях? Какие пословицы, поговорки и загадки о петухе вы знаете? Какое отношение к петуху обнаруживается в разных культурах?

▶ 3. Как в разных языках «слышат» крик, издаваемый петухом? Какими междометиями передаётся этот звук?

▶ 4. Какие сказки, народные и литературные, в которых петух является одним из главных персонажей, вы знаете?

СЧАСТЬЕ — ЭТО...

контроль

Музей счастья*
в Новосибирске

Что такое счастье — знают все. Только никто не может объяснить, что это такое.

Счастье — это блаженство[1]. Блаженство — это наслаждение. Наслаждение — полное удовлетворение. Полное удовлетворение — счастье. Всё. Круг замкнулся. Что-то здесь не так...

Существует великое множество определений и «признаков» счастья. Например, в известном советском фильме «Доживём до понедельника»* один из героев говорит: «Счастье — это когда тебя понимают». Очень неглупо.

Великий русский писатель А. С. Грибоедов* сказал: «Счастливые часов не наблюдают». Тонкое наблюдение.

Для буддистов высшее счастье — нирвана*. А нирвана есть полное отсутствие страстей, желаний. То есть счастье — это когда ты ничего не хочешь. Оригинально.

Русская народная пословица гласит: «Дураку везде счастье». И с этим не поспоришь. Действительно, всё так.

Получается, что счастливый человек — это дурак в нирване, у которого нет часов и которого все понимают. Ерунда какая-то...

А всё дело в том, что у счастья нет определения. У каждого оно своё.

В Новосибирском музее счастья* как раз и собраны эти вещи. Более тысячи экспонатов. Вернее, это всего одна комната. Можно сказать, волшебная комната, где собраны сотни и сотни рецептов, как стать счастливым. Статуэтки разных «счастьеносных[2]» животных, подковы*, счастливые билетики*, метла* — «выметатель[3] проблем», ключи «к счастью», колокольчики, притягивающие[4] счастье своим звоном, пословицы и поговорки про счастье...

У разных народов разные представления о том, что нужно сделать, чтобы стать счастливыми. Кто-то чешет спинку нефритовой лягушке*, кто-то играет на дудке*, кто-то, чтобы не отогнать счастья, не поёт натощак*, кто-то радуется, увидев на своей одежде паука*...

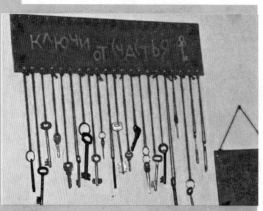

Странные существа люди. Летают в космос, составляют сложнейшие компьютерные программы и тут же бьют тарелки на счастье* и на счастье же уже семьдесят лет трут нос и лапы бронзовой собаке на станции метро «Площадь революции»* в Москве. Кстати, можете съездить и посмотреть. А заодно, на всякий случай, потереть то, что полагается.

«Счастливая» собака с «Площади Революции» — это, конечно, хорошо. И всё же, как говорится, если хочешь быть счастливым — будь им*. Потому что каждый — сам кузнец своего счастья*. И надо не только «иметь счастье быть умным и талантливым, но и иметь талант быть счастливым»*. А если вдруг вам кажется, что всё в жизни очень-очень плохо и нет выхода из беспросветно[5] сложной жизненной ситуации, — ищите вход... Вход в волшебную комнату вашего личного, неповторимо-уникального счастья.

Комментарий

[1] **блаженство** — полное и невозмутимое счастье, удовольствие, наслаждение. *В чём различие в значении и употреблении слов «блаженство», «благо», «благодать», «благодарность», «благосостояние» и «благоверный»?*

[2] **счастьеносный** — *окказ.* контаминация слов «счастье» + «носить». *Как можно понять значение этого слова?*

[3] **выметатель** — *окказ.* существительное, образованное от глагола «выметать» + суффикс «-тель». *Как вы понимаете значение этого слова?*

[4] **притягивающий** — от **притягивать** — приближать какой-то невидимой силой

[5] **беспросветно** — от **беспросветный** — безвыходный, безысходный, безнадёжный. *Как внутренняя форма этого слова отражает его значение?*

Музей счастья в Новосибирске — создан в 2009 году музыкантами Ю. Дрёминым и И. Некрасовой; расположен по адресу: ул. 1905 года, д. 13. *Что вы знаете о Новосибирске? Где он находится? Какова роль этого города в экономической и культурной жизни России?*

«Доживём до понедельника» (1967) — советский художественный фильм (реж. С. И. Ростоцкий), снятый по сценарию Г. И. Полонского; в фильме рассказывается о трёх днях жизни 9-го класса обычной средней школы. Известная фраза из фильма «Счастье — это когда тебя понимают» принадлежит ученику Генке Шестопалу, который написал её в сочинении на тему «Моё представление о счастье»; похожий афоризм есть у китайского мыслителя Конфуция

Грибоедов Александр Сергеевич (1795—1829) — русский дипломат, композитор, поэт; автор хрестоматийной комедии «Горе от ума» (1824). Известны следующие выражения из комедии, ставшие крылатыми: *Счастливые часов не наблюдают | Ум с сердцем не в ладу | Герой не моего романа | «Служить бы рад, прислуживаться тошно» | Минуй нас пуще всех печалей / И барский гнев, и барская любовь | Кто беден, тот тебе не пара |*

А судьи кто? | Чуть свет уж на ногах! и я у ваших ног | Числом поболее, ценою подешевле | Блажен, кто верует, — тепло ему на свете! | Ах! злые языки страшнее пистолета | И золотой мешок, и метит в генералы | Всё врут календари.

нирвана — *терм.* ключевое понятие в буддизме и индуизме, означающее состояние полного покоя, достигаемого путём полного отказа от реальности

подкова, счастливый билетик, метла, нефритовая лягушка... — символы-атрибуты счастья в разных культурах. *В каких культурах, чтобы стать счастливым, надо «повесить подкову на стену дома или квартиры», «почесать спинку нефритовой лягушке», «поиграть на дудке», «съесть счастливый билетик» (такой, на котором сумма первых трёх чисел шестизначного номера совпадает с суммой трёх последующих чисел), «потереть нос и лапы бронзовой собаке на станции метро "Площадь революции"», «бить тарелки»? В какой культуре, чтобы не спугнуть счастье, нельзя петь натощак? В какой культуре к счастью считается увидеть на своей одежде паука? (Варианты ответа: в СССР, в России, во всех славянских странах, в Англии, в Китае, в Японии, в Германии, в культуре ацтеков, в арабских странах.) Есть ли в вашей культуре похожие атрибуты счастья? Какие ещё символы счастья и удачи вы знаете?*

Если хочешь быть счастливым — будь им — известный афоризм Козьмы Пруткова — коллективного псевдонима, под которым в 50—60-е годы XIX века печатались поэты Алексей Толстой и братья Алексей, Владимир и Александр Жемчужниковы

Человек сам кузнец своего счастья — фраза, приписываемая римскому консулу Аппию Клавдию (конец IV века до н. э.) и означающая, что человек сам является хозяином своей судьбы

«Иметь счастье быть умным и талантливым, но и иметь талант быть счастливым» — модификация многих известных афоризмов о счастье, принадлежащих разным авторам

Вопросы

▶ 1. Какие экспонаты можно посмотреть в Музее счастья? Есть ли в вашей стране похожий музей?

▶ 2. Какие афоризмы и пословицы о том, что такое счастье, вы знаете? С какими точками зрения согласны, а с какими — нет?

▶ 3. Какие есть представления о счастье в разных культурах?

▶ 4. В каких литературных произведениях, фильмах и мультфильмах размышления о счастье являются основной темой?

ТЕМЫ ДЛЯ ДОКЛАДОВ И ЭССЕ

1. Национальная историческая память и национальная культурная память. Культурная память и музеесофия
2. Культурная память как прецедентный текст
3. Мнема как единица языкового сознания
4. Русские народные промыслы
5. Афоризмы в русской языковой картине мира
6. Древние топонимы России
7. Русские катойконимы — имена людей по названию их места жительства
8. Наиболее значимые русские антропонимы
9. Образы древнеславянской мифологии в русском искусстве
10. Главные архитектурные стили в России
11. Ключевые концепты русской культуры
12. Ключевые концепты советской эпохи
13. Основные представители русской литературы первой половины XIX века
14. Восприятие русской классической литературы за рубежом
15. Русская музыкальная культура
16. Русский романс как жанр
17. Соборность как ключевое понятие русской религиозной философии
18. Возникновение и развитие советского кинематографа
19. Особенности русского быта
20. Символы русской культуры
21. Баня как архетип русской культуры

22. Культурно значимые предметы русского быта
23. Русская дача как концепт национальной культуры
24. Символические значения цвета в русской культуре
25. Поиски русской национальной идеи
26. Словари русского языка как культурный феномен
27. Советская комедия как прецедентный текст
28. Русская провинциальная культура
29. Советская авторская песня как жанр
30. Национально-культурные приметы и суеверия
31. Тотемные животные и их символическое значение в разных культурах

Для записей

Для записей

Для записей

Ансимова, О. К.

КЛЮЧ К РУССКОЙ КУЛЬТУРЕ

Словарь лингвокультурной
грамотности

Словарь направлен на формирование лингвокультурных знаний, преодоление культурного барьера. Идея, лежащая в основе словаря, — доступность лингвокультурных знаний, их исчисляемость и простота изложения. По способу лексикографической интерпретации составляющих его единиц издание является новым типом словаря лингвокультуры.

Единицами описания являются лингвокультурные единицы, сгруппированные в десять тематических разделов. Их семантизация осуществлена с позиции коммуникации, что позволяет иностранцу включать данные единицы в собственное вербальное поведение и понимать их значения в речи других.

Для ознакомления с русским искусством в качестве иллюстративного материала представлены фрагменты произведений русской литературы и фольклора, изображения картин известных художников.

Словарь адресован иностранцам, владеющим русским языком на пороговом и постпороговом уровнях, может быть использован как для самостоятельной работы, так и на занятиях по русскому языку под руководством преподавателя.

Жеребцова, Ж. И. и др.

О РОССИИ ПО-РУССКИ

Учебное пособие по русскому языку
как иностранному

Цель учебного пособия «О России по-русски» — познакомить иностранцев с национально-культурным многообразием России, её историей и современностью, воплощёнными в фольклоре, живописи, архитектуре, литературе, традициях, уникальных природных памятниках и т. д.

Пособие рассчитано на 72 часа аудиторной работы, содержит 19 тем и направлено на совершенствование у иностранных учащихся, владеющих русским языком в объёме уровня В1 и выше, языковой, коммуникативной, культуроведческой, межкультурной и социальной компетенций.

Учебное издание

Елистратов Владимир Станиславович
Ружицкий Игорь Васильевич

НЕОБЫЧНЫЕ РАССКАЗЫ О НЕОБЫЧНЫХ МУЗЕЯХ
Русская культурная память

Учебное пособие для иностранных учащихся

Редактор *В. Е. Санков*
Корректор *О. Ч. Кохановская*
Оригинал-макет и вёрстка *М. А. Гольдман*

Формат 70×100/16. Объём 15 п.л. Тираж 1000 экз.
Подписано в печать 24.12.2019. Заказ № З-003

Издательство ООО «Русский язык». Курсы
107078, г. Москва, Новая Басманная ул., д. 19, стр. 2
Тел./факс: +7(499) 261-12-26, тел.: +7(499) 261-54-37
E-mail: rusyaz_kursy@mail.ru; ruskursy@mail.ru;
ruskursy@gmail.com; rkursy@gmail.com;
Сайт издательства: www.rus-lang.ru

В оформлении были использованы изображения с сайтов Pixbay, Firestok

Следите за новинками издательства в социальных сетях:
https://vk.com/public131540114   https://facebook.com/ruskursy/?ref=bookmarks

Отпечатано с готового оригинал-макета издательства
в типографии ООО «Мастер-Студия»
432049, г. Ульяновск, ул. Урицкого, д. 94